TIM INGOLD

ANTHROPOLOGIE – WAS SIE BEDEUTET UND WARUM SIE WICHTIG IST

TIM INGOLD

ANTHROPOLOGIE – WAS SIE BEDEUTET UND WARUM SIE WICHTIG IST

Aus dem Englischen von Werner Petermann

Edition Trickster im Peter Hammer Verlag

INHALT

1

ANDERE ERNST NEHMEN

Wie sollen wir leben? Zweifellos haben Menschen über diese Frage immer schon nachgedacht. Vielleicht ist es gerade das Grübeln darüber, das uns zu Menschen macht. Für andere Tiere, so scheint es, dürfte sich die Frage kaum stellen. Jedes ist mehr oder weniger davon in Anspruch genommen, die Dinge auf seine Weise zu erledigen. Menschliche Lebensweisen – wie etwas getan und gesagt wird, Formen des Denkens und Wissens – werden nicht auf einem silbernen Tablett serviert; sie sind nicht im Vorhinein festgelegt und sie werden auch nicht ein für alle Mal geregelt. Leben ist eine Sache der Entscheidung, wie man leben möchte, und birgt in jedem Augenblick die Möglichkeit, verschiedene Richtungen einzuschlagen, von denen keine selbstverständlicher oder naturgemäßer als die anderen ist. So wie Pfade durch Begehen entstehen, müssen wir, während wir uns Schritt für Schritt den Weg bahnen, fortwährend Lebensweisen improvisieren, selbst wenn wir den Spuren von Vorgängern folgen. Wir tun das jedoch nicht auf uns allein gestellt, sondern in Gesellschaft. Wie die Stränge eines Seils verflechten und überkreuzen sich auch Menschenleben. Sie begleiten einander und reagieren aufeinander in sich abwechselnden Zyklen von Spannung und Spannungslösung. Kein Strang ist endlos; so kommen neue hinzu, während andere verschwinden. Deshalb ist das menschliche Leben soziales Leben: Es ist ein nie zu Ende gehender, kollektiver Prozess, um herauszufinden, wie man leben kann. Jede Lebensweise stellt demnach ein gemeinschaftliches Experiment im Zusammenleben dar. Es ist dies, was das Problem des Lebens angeht, keine bessere Lösung, als ein Pfad eine Lösung des Problems ist, wie man ein noch unbekanntes Ziel erreichen kann. Aber wir *nähern* uns dem Problem.

Wir wollen eine Studienrichtung ins Licht rücken, die es auf sich nimmt, von so vielen Herangehensweisen zu lernen, wie ihr möglich ist; eine Studienrichtung, die sich darum bemüht, an dieses Problem – wie zu leben sei – mit der Weisheit und Erfahrung aller Erdenbewohner heranzugehen, was auch immer ihre Hintergründe, Lebensgrundlagen, Lebensumstände und Wohnsitze sein mögen. Das ist das Fachgebiet, für das ich auf diesen Seiten eintrete. Ich nenne es Anthropologie. Es ist vielleicht nicht die Anthropologie, die Sie sich vorgestellt haben, oder auch nicht die Anthropologie, wie sie von vielen praktiziert wird, die behaupten, Anthropologen zu sein. Auffassungen und falsche Vorstellungen von dem Fach gibt es in Hülle und Fülle, und sie hier alle zu erörtern, wäre eine ermüdende Angelegenheit. Ich entschuldige mich nicht für eine persönliche, von meiner Laufbahn als Studierender und Lehrer des Fachs beeinflusste Sicht der Dinge, woraus sich vielleicht weniger ein Bild dessen ergibt, was Anthropologie ist, als davon, wonach sie meiner Ansicht nach streben sollte. Andere mögen anderer Auffassung sein, aber das wäre ein Zeichen von Vitalität, nicht von Schwäche. Denn was immer sie auch sonst sein mag, die Anthropologie wird immer eine Disziplin sein, die im Entstehen begriffen ist; sie kann nicht abgeschlossener sein als das soziale Leben, mit dem sie sich befasst. Folglich kann die Geschichte der Anthropologie nicht als Geschichte von einem Anfang bis zu einem Ende erzählt werden. Wir können uns auch nicht auf unseren Lorbeeren ausruhen, so als dürften wir annehmen, nach Jahrhunderten des Irrtums, der Unwissenheit und des Vorurteils endlich ans Licht vorgedrungen zu sein. Es gibt Arbeit zu erledigen, und dieses Buch handelt ebenso sehr von der Erneuerung der Anthropologie im Hinblick auf die Zukunft wie von einer Nacherzählung ihrer Vergangenheit.

Nun könnten Sie glauben, dass das Problem, wie man leben soll, in Wirklichkeit der Philosophie zugehört, und damit lägen Sie nicht falsch. Schließlich ist es ein Problem, das die Grundlagen der menschlichen Existenz in dieser unserer Welt schlechthin berührt. Wir nennen uns Menschen, aber was bedeutet es, menschlich zu sein? Der Name, den die Naturwissenschaft uns als Art gegeben hat, ist Homo sapiens, aber worin besteht unsere behauptete Weisheit? Wie verstehen, denken wir, wie funktionieren Vorstellung und Wahrnehmung, wie handeln wir, erinnern wir uns, lernen wir, sprechen in einer Sprache und leben mit anderen auf so charakteristische und doch so unterschiedliche Weise zusammen? Mit welchen Mitteln und nach welchen Prinzipien organisieren wir uns in Gesellschaften, begründen Institutionen, sprechen Recht, üben Macht aus, begehen Gewalttaten, stellen wir Beziehungen zur Umwelt her, verehren die Götter, kümmern uns um die Kranken, sehen dem Tod ins Auge und so fort? Diese Fragen sind endlos, und Philosophen haben sie lang und breit erörtert. Desgleichen die Anthropologen. Aber hier liegt der Unterschied. Philosophen sind öffentlichkeitsscheue Seelen. Sie neigen eher zur Innenschau, zur gelehrten Befragung kanonischer Texte von Denkern ihresgleichen – zumeist, wenn auch nicht ausschließlich, toter weißer Männer –, als sich direkt in die unordentlichen Realitäten des gewöhnlichen Lebens einzumischen.

Im Gegensatz dazu philosophieren Anthropologen in der Welt. Sie forschen – vor allem, indem sie sich zutiefst in Beobachtung, Gespräch und teilnehmende Praxis einbeziehen lassen – mit den Menschen, bei denen zu arbeiten sie sich entschieden haben. Diese Entscheidung hängt von erfahrungs– und interessebezogenen Eigenheiten ab, im Grunde genommen könnte es aber jedes beliebige Volk, irgendwo auf der Welt, sein. Meiner Definition nach ist Anthropologie Philosophie, an der die Menschen beteiligt sind.

Nie zuvor in der menschlichen Geschichte haben wir diese Art Philosophie nötiger gehabt. Erdrückende Anzeichen dafür, dass sich die Welt an einem entscheidenden Wendepunkt befindet, finden wir überall. Mit einer geschätzten menschlichen Bevölkerung von 7,6 Milliarden – die bis zum Ende des Jahrhunderts auf mehr als 11 Milliarden anwachsen soll – gibt es mehr von uns als je zuvor, mit einer größeren durchschnittlichen Lebenserwartung als je zuvor. Mehr als die Hälfte der Weltbevölkerung lebt heute in Städten, und die meisten bestreiten ihren Lebensunterhalt nicht mehr direkt aus dem Land wie ihre Vorgänger. Kreuz und quer überziehen Versorgungsketten für Lebensmittel und andere Produkte den Globus. Waldgebiete fallen dem Kahlschlag anheim und veröden, ganze Landstriche wurden für den Anbau von Sojabohnen und die Palmölproduktion zweckentfremdet, der Rohstoffabbau hat die Erde zerfurcht. Die menschliche Industrie, insbesondere das Verbrennen fossiler Treibstoffe in einem massiven Ausmaß, beeinflusst das Weltklima, wodurch eventuelle Katastrophen immer wahrscheinlicher werden, und in vielen Regionen haben Wasserknappheit und Mangel an anderen lebensnotwendigen Gütern völkermörderische Konflikte ausgelöst. Die Welt bleibt dem Zugriff eines Produktions-, Distributions- und Konsumptionssystems ausgeliefert, das, während es einige wenige in grotesker Weise bereichert, nicht nur Abermillionen „nutzloser" Menschen zurücklässt, Menschen, die zu chronischer Unsicherheit, Armut und Krankheit verurteilt sind, sondern auch Umweltzerstörungen in beispiellosem Ausmaß angerichtet hat, wodurch viele Regionen unbewohnbar und Länder und Meere mit unzerstörbaren und gefährlichen Abfallprodukten zugemüllt werden. Diese von Menschenhand verursachten Auswirkungen sind nicht rückgängig zu machen und werden wahrscheinlich den Fortbestand unserer Spezies auf diesem Planeten überdauern. Nicht ohne Grund habe einige das Anbrechen einer neuen Ära in der Erdgeschichte angekündigt: Man nennt es Anthropozän.

Diese Welt auf Messers Schneide ist die einzige Welt, die wir haben. Wie sehr wir auch vom Leben auf anderen Planeten träumen mögen, es gibt keinen, auf den wir flüchten könnten. Auch gibt es kein Zurück in die Vergangenheit, von wo aus wir eine alternative Route in die Gegenwart einschlagen könnten. Wir sind, wo wir sind, und können nur von da aus weitermachen. Wie Karl Marx vor langer Zeit festgestellt hat, sind die Menschen die Urheber ihrer Geschichte, jedoch unter Bedingungen, die sie sich nicht ausgesucht haben.[1] Wir können nicht dafür optieren, in einer anderen Zeit geboren zu werden. Unsere gegenwärtigen Verhältnisse wurden durch die Handlungen vergangener Generationen geprägt, die nicht rückgängig gemacht werden können, so wie unsere eigenen Handlungsweisen ihrerseits wiederum die künftigen Verhältnisse unumstößlich prägen werden. Wie also sollten wir jetzt leben, so dass auch für kommende Generationen ein Leben möglich ist? Was könnte das Leben zukunftsfähig machen, nicht für einige wenige auf Kosten anderer, sondern für alle? Um sich mit Fragen dieser Größenordnung zu befassen, brauchen wir alle Hilfe, die wir kriegen können. Es ist nicht so, als würden die Antworten irgendwo parat liegen und müssten nur entdeckt werden. Wir werden das Geheimnis weder in irgendeiner Glaubenslehre oder Philosophie finden noch in einer wissenschaftlichen Teildisziplin oder indigenen Weltanschauung. Auch kann es keine endgültige Lösung geben. Die Geschichte ist voller monumentaler Versuche, die Frage ein für alle Mal zu beantworten, doch müssen solche Versuche letzten Endes scheitern, wenn das Leben weitergehen soll. Den Weg um die Ruinen herum zu finden, ist eine Aufgabe für alle von uns. Hier kommt die Anthropologie ins Spiel, und warum sie – in unserer gefährdeten Welt – so wichtig ist.

Das Problem besteht nicht darin, dass wir unzureichend informiert wären oder über zu wenige Kenntnisse verfügten. Im Gegenteil: Die Welt ist davon überschwemmt, und mit der digitalen Erweiterung ist aus der Schwemme eine Flut geworden. Einer rezenten Untersuchung zufolge werden jährlich an die 2,5 Millionen wissenschaftliche Abhandlungen veröffentlicht, und die Zahl der seit 1665 veröffentlichten hat die 50-Millionen-Marke überschritten.[2] Experten, mit speziellen Datenerfassungsgeräten und ausgeklügelten Modellbildungstechniken ausgestattet, sind scharf darauf, ihre Prognosen an den Mann zu bringen. Wir sollten auf sie hören, wie wir auf die Kunst- und Humanwissenschaftler hören sollten, deren Überlegungen wir die Zusammenhänge verdanken, die es ermöglichen, uns von unserer derzeitigen misslichen Lage ein besseres Bild zu machen. Dennoch haben alle, Naturwissenschaftler und Humanisten gleichermaßen, etwas gemeinsam, das Gefühl nämlich, dass sie in der Lage seien, die Welt von einem Ort aus zu vermessen, der außerhalb von ihr liegt, hoch oben oder weit voraus, von wo aus sie zurückblicken und sich mit einer Autorität über ihr Funktionieren auslassen können, die jenen verwehrt ist, deren Geschäfte enger mit den banalen Angelegenheiten des alltäglichen Lebens verknüpft sind. Von ihrer hohen Warte aus wollen sie uns weismachen, sie könnten erklären, was für den Rest von uns unbegreiflich bleibt. Physiker explizieren die Funktionsweise des Universums, Biochemiker die Vorgänge des Lebens, Neurowissenschaftler das Gehirn, Psychologen den Verstand, Politologen den Staat, Ökonomen den Markt,

Soziologen die Gesellschaft und so fort. Auch die Anthropologie hat während eines Großteils ihrer Geschichte ähnlich überhöhte Fähigkeiten geltend gemacht, nämlich die mal als „sozial", mal als „kulturell" etikettierten Zusammenhänge verständlich zu machen, innerhalb derer Werk und Leben anderer Menschen interpretiert oder gar erklärt werden könnten.

Über diesen Anspruch habe ich im Folgenden mehr zu sagen. Ohne ihm zuzustimmen. Die Art Anthropologie, die ich hier präsentiere, verfolgt andere Absichten. Hier geht es nicht darum, die Lebensweisen anderer Menschen zu interpretieren oder zu erklären; noch ihnen ihren Platz zuzuweisen oder sie in die Kategorie „schon verstanden" einzureihen. Eher darum, an ihrem Dasein teilzuhaben, von ihren Lebensexperimenten zu lernen und diese Erfahrung auf unsere Vorstellungen von einem Leben, wie es sein könnte in seinen künftigen Bedingungen und Möglichkeiten, wirken zu lassen. Für mich gedeiht die Anthropologie auf diesem Engagement aus Imagination und Erfahrung. Was diese Anthropologie beisteuert, ist nicht soundso viel Wissen, das man den Beiträgen anderer Fächer hinzufügen könnte, die alle darauf aus sind, der Welt Informationen zu entreißen, um diese in Wissensprodukte zu verwandeln. In der Tat ist meine Art Anthropologie überhaupt nicht im Geschäft der „Wissensproduktion". Sie strebt eine völlig andere Beziehung zur Welt an. Für Anthropologen wie für die Menschen, bei denen sie tätig sind, ist die Welt kein Studienobjekt, sondern ihr Lebensmilieu. Sie stecken von Beginn an mitten drin in seinen Abläufen und Beziehungen. Kritiker mögen darin eine Schwäche sehen oder Angreifbarkeit. Für sie verrät sich darin mangelnde Objektivität. Aber für uns ist dies die wahre Quelle, aus der die Anthropologie ihre Kraft bezieht. Wir sind nicht auf objektives Wissen aus. Was wir suchen und zu erreichen hoffen, ist Weisheit. Das ist keineswegs dasselbe; unter Umständen widerspricht es einander sogar.

Wissen sucht die Dinge in Denkmodellen und -kategorien zu fixieren, ihnen Rechenschaft abzuverlangen und sie halbwegs vorhersagbar zu machen. Wir sprechen oft davon, dass wir uns mit Wissen wappnen, oder dass wir es dazu nutzen, unsere Verteidigungsmaßnahmen zu verstärken, um mit Ungemach besser umgehen zu können. Es verleiht uns Stärke, Kontrolle und Sicherheit vor Angriffen. Aber je mehr wir Zuflucht in den Zitadellen des Wissens suchen, desto weniger schenken wir dem Beachtung, was um uns herum vor sich geht. Warum, sagen wir, sollen wir davon Aufhebens machen, wenn wir doch schon Bescheid wissen? Im Gegensatz dazu heißt weise sein, sich in die Welt hinauszuwagen und das Risiko auf sich zu nehmen, sich dem auszusetzen, was dort vor sich geht. Es heißt, anderen zu gestatten, mit uns gegenwärtig, aufmerksam und umsichtig zu sein. Wissen fixiert und stellt unser Denken ruhig; Weisheit lockert und bringt die Verhältnisse durcheinander. Wissen rüstet auf und beherrscht; Weisheit entwaffnet und kapituliert. Wissen hat seine Herausforderungen, Weisheit ihre Gepflogenheiten, aber wo die Herausforderungen, denen sich das Wissen stellt, sich den Problemlösungen immer mehr annähern, öffnen die Wege der Weisheit sich einem Prozess des Lebens. Nun schlage ich natürlich nicht vor, dass wir ohne Wissen auskommen könnten. Aber wir brauchen auch Weisheit. Zum jetzigen kritischen Zeitpunkt hat sich die Waage jäh Ersterem zugeneigt und von Letzterer entfernt. Nie zuvor in der Geschichte ist so viel Wissen mit so wenig Weisheit vermählt gewesen. Ich glaube, dass es die Aufgabe der Anthropologie ist, das Gleichgewicht wiederherzustellen und einen Ausgleich zu schaffen zwischen der wissenschaftlichen Hinterlassenschaft an Kenntnissen und der aus Erfahrung und Vorstellungskraft bezogenen Weisheit.

Unter Wissenschaftlern verschiedener Richtungen zeichnen sich Anthropologen durch ihre Bereitschaft aus, von jenen zu lernen, die in einer Welt, die auf wissenschaftlichen Erkenntnisgewinn fixiert ist, ansonsten als ungebildet, nicht kultiviert oder gar als dumm abqualifiziert werden könnten. Dies sind Menschen, deren Stimmen, im Umgang mit den vorherrschenden Kommunikationsmedien ungeübt, widrigenfalls ungehört blieben. Wie Anthropologen immer wieder gezeigt haben, sind solche Menschen von einer Weisheit, die über das hinausgeht, was den vermeintlich kenntnisreicheren und daher über ihnen stehenden Personen eignet. Und mit der Welt am Scheidepunkt können wir uns nicht erlauben, ihre Weisheit zu ignorieren. Wir müssen noch vieles lernen; wenn wir doch nur zulassen würden, von anderen unterrichtet zu werden, die uns ihre Erfahrungen weitergeben könnten. Doch Wissenschaftler haben diese Menschen gemieden und sich größtenteils damit zufriedengegeben, sie bei ihren Forschungen als Informanten zu beschäftigen und nicht als Lehrer. Ausgefragt werden sie eher für das, was man ihren Köpfen entlocken kann, und nicht so sehr dafür ausgesucht, was sie uns von der Welt zu zeigen vermögen. Man hat ausgeklügelte Methoden ersonnen, um sie sich vom Leib zu halten. Methoden garantieren Objektivität; mit ihrer Anwendung will man gewährleisten, dass Untersuchungsergebnisse nicht durch eine zu enge oder affektbetonte Verwicklung von Forschern und Beforschten kontaminiert werden. Für die Anthropologie jedoch ist eine solche Einbeziehung wesentlich. Alle Forschung verlangt Beobachtung, aber in der Anthropologie beobachten wir nicht, indem wir andere zu Objekten machen, sondern indem wir ihnen unsere Aufmerksamkeit schenken, uns anschauen, was sie tun, und dem zuhören, was sie sagen. Wir nennen diese Art von Arbeit „teilnehmende Beobachtung". Sie ist ein Eckpfeiler des Fachs.

Teilnehmende Beobachtung braucht Zeit. Es ist nicht ungewöhnlich, dass Anthropologen viele Jahre im – wie sie es nennen – „Feld" verbringen. Zunächst an einem unvertrauten Ort als womöglich ungebetene Gäste abgesetzt, sind Feldforscher weitgehend ihren Gastgebern verpflichtet. Anthropologen haben ausgiebig über die Institution der Gabe geschrieben und haben gezeigt, wie die Prinzipien von Geben und Nehmen im Mittelpunkt des Alltagslebens stehen. Aber diese Prinzipien gelten gleichermaßen für die Praxis anthropologischer Feldforschung. Es ist eine Praxis, die auf Großzügigkeit beruht, dass man mit Anstand entgegennimmt, was einem gegeben wird, und nicht durch Täuschung oder List zu erhalten sucht, was man nicht bekommt. Das unterscheidet das Feld vom Labor. Im Feld muss man darauf warten, dass etwas geschieht, und akzeptieren, was einem angeboten wird, wenn es angeboten wird. Deshalb dauert Feldforschung so lange. Das Labor hingegen ist ein künstlich geschaffener Ort, mit einer Apparatur zu Versuchszwecken, der die Dinge ihre Geheimnisse, die in der Wissenschaft anderweitig als „Daten" bekannt sind, entweder zwangsweise oder aufgrund von Kunstgriffen verraten. Obgleich, im Wortsinn, *datum* etwas Gegebenes bezeichnet (von lateinisch *dare*, „geben"), hat es im wissenschaftlichen Vokabular die Bedeutung angenommen, dass etwas frei verfügbar ist – ein „Fakt", von den Gezeiten des Lebens, in denen er einst geformt wurde, seit langem schon ausgeschieden. Nur wenn Dinge sich auf diese Weise zu konkreten Fakten verhärtet haben, könnten sie erfasst werden. Aus diesem Grund neigen wir dazu, Daten erst einmal mit Mengenangaben in Verbindung zu bringen.

Sollten wir die teilnehmende Beobachtung, da sie eher im Feld als im Labor praktiziert wird, demnach als eine Methode der Datenbeschaffung betrachten, die nicht quantitativ, sondern qualitativ ausgerichtet ist, und die sich für Daten interessiert, die nicht in Zahlentabellen angeordnet, als Messergebnisse ausgedrückt oder in Statistiken kompiliert werden können? So wird sie in anthropologischen Lehrbüchern für gewöhnlich dargestellt. Doch ist mir allein bei dem Gedanken „qualitativer Daten" schon etwas unbehaglich. Denn die Qualität eines Phänomens kann nur in seiner Präsenz liegen – in der Art und Weise, wie es sich seinem Umfeld gegenüber öffnet, uns eingeschlossen, die wir es wahrnehmen. In dem Augenblick jedoch, da wir aus einer qualitativen Beschaffenheit ein gegebenes Faktum machen, wird das Phänomen ausgesperrt, vom Mutterboden seiner Entstehung losgetrennt. Das Sammeln qualitativer Daten ist, als würde man sich Menschen gegenüber öffnen, ihnen zugleich aber den Rücken zukehren und, was sie sagen, nur *insofern* beachten, *als es etwas über sie aussagte.* Großzügigkeit wird zur Fassade für widerrechtliche Aneignung. Nur wenige würden so weit gehen wie Irenäus Eibl–Eibesfeldt, der österreichische Begründer der „Humanethologie", der so versessen auf das Sammeln von Daten hinter dem Rücken der Menschen war, dass er eine Kamera mit einem 90-Grad-Deflektor [sogenannte „Knickachskamera"] entwarf, die es ihm erlaubte, seine Motive, ohne dass sie es mitbekamen, zu fotografieren, während er auf jemand anderen zeigte oder auf etwas anderes hinwies. Das war eine monströse Täuschung. Aber es bleibt auch eine gewisse Doppelzüngigkeit, wenn man vorgibt, sich mit seinen Gastgebern in gutem Glauben auf ein Gespräch einzulassen, während man es in Wirklichkeit dazu nutzt, um über sie etwas in Erfahrung zu bringen. Anthropologen betonen oft, wie wichtig es bei der Feldforschung sei, gute Beziehungen (rapport) herzustellen. Aber das Wort *Rapport* kann sowohl „freundschaftliches Verhältnis" als auch „Bericht" bedeuten. Ist es richtig, sich mit Menschen anzufreunden, um einen Forschungsbericht über sie zu verfassen?

Das Wort, das Anthropologen dafür benutzen, ist Ethnografie. Ist die teilnehmende Beobachtung demzufolge ein Mittel zum Zweck der Ethnografie? Die meisten Anthropologen würden dies bejahen; tatsächlich haben Forschungsmethode und Forschungsergebnis sich in vielen Köpfen so verwirrt, dass die bloße Praxis teilnehmender Beobachtung auf ethnografische Forschung hinausläuft. Aber ich bin anderer Ansicht. Um es noch einmal zu sagen: Teilnehmende Beobachtung ist eine Methode der Forschung *mit* den Menschen. Sie hat nichts damit zu tun, über das Leben anderer zu schreiben, vielmehr geht es darum, sich mit ihnen für die gemeinsame Aufgabe zusammenzutun, Möglichkeiten finden, wie man leben kann. Hierin, behaupte ich, liegt der Unterschied zwischen Ethnografie und Anthropologie. Dementsprechend ist für den Anthropologen die teilnehmende Beobachtung grundsätzlich *keine* Methode der Datenbeschaffung. Es handelt sich eher um eine Verpflichtung zum Lernen durch Tun, vergleichbar der Ausbildung eines Lehrlings oder Studenten. Schließlich gehen wir nicht mit der Absicht zum Studium an die Universität, einen Bericht von dem anzufertigen, was unsere Professoren sagen, oder etwas über sie für die Nachwelt aufzuschreiben. Vielmehr billigen wir, von ihnen *ausgebildet* zu werden. Für uns wie für unsere Lehrer ist diese Ausbildung transformativ. Das Gleiche trifft sicherlich auf die Ausbildung zu, der wir uns durch teilnehmende Beobachtung im Feld unterziehen. Kurzum, der übergeordnete Zweck der Anthropologie ist nicht ethnografisch ausgerichtet, sondern zielt auf die Ausbildung. Die Anthropologie ist, meiner Ansicht nach, eben wegen ihres Ausbildungspotenzials so wichtig, und weil sie durch diese Ausbildung in der Lage ist, menschliches Leben zu gestalten – unser eigenes und das der Menschen, bei denen wir forschend tätig sind. Aber dieses Potenzial kann nur verwirklicht werden, wenn wir willens sind, von ihnen zu lernen. Und wir werden nichts lernen, wenn wir sie nicht ernst nehmen.

Andere ernst nehmen ist die erste Regel meiner Vorstellung von Anthropologie. Das heißt nicht nur, auf ihre Aktivitäten und Worte zu achten. Darüber hinaus müssen wir uns den Herausforderungen stellen, mit denen sie unsere Auffassungen von den Dingen, welche Welt wir bewohnen und in welcher Beziehung wir zu ihr stehen, konfrontieren. Wir müssen mit unseren Lehrern nicht übereinstimmen oder davon ausgehen, dass sie richtig- und wir falschliegen. Wir können anderer Ansicht sein. Aber wir können der Herausforderung nicht ausweichen. Zugegebenermaßen bietet die unrühmliche Geschichte der Anthropologie eine Menge fintenreicher Beispiele dafür, wie man genau das tut. Dazu gehört der Vorwand, die Menschen seien zu wenig rational oder logischen Denkens unfähig; sie seien in uraltem Aberglauben befangen, ihr Denken sei charakteristisch für Frühstadien menschlicher Entwicklung von kindlicher Unschuld bis zum Erwachsenenalter; sie agierten auf der Grundlage falscher oder fehlerhafter Kenntnisse, ihr Verhalten sei von der Tradition vorgegeben; sie könnten Fakten und Fantasie nicht auseinanderhalten und keine Linie zwischen dem Wortwörtlichen und dem Metaphorischen ziehen. Die meisten zeitgenössischen Anthropologen lehnen diese Tricks zu Recht ab. Sie bestehen prinzipiell darauf, dass man andere Menschen nicht nach irgendwelchen Maßstäben der Vernunft, Intelligenz oder Reife einstufen könne, um damit zu rechtfertigen, ihr Denken und Tun weniger ernst nehmen zu müssen als das eigene. Dennoch akzeptieren viele, was man „willentliche Aussetzung der Ungläubigkeit“ nennen könnte, analog zur Situation von Theaterbesuchern, die für die Dauer der Vorstellung zulassen, dass sie in die auf der Bühne inszenierte Fantasiewelt hineinversetzt werden, als wäre es das wirkliche Leben.

Wer diesen Standpunkt einnimmt, bestreitet jedoch, dass die Worte und Taten anderer, besonders wenn sie sich mit unserer Auffassung reiben, etwas mit der Realität zu tun haben. Zudem ist es ein Trick, der uns nach hinten absichert, der uns davon überzeugt, dass, ungeachtet dessen, was die Menschen sagen oder tun, die Realität-wie-wir-sie-kennen unangetastet bleibt. Indem wir uns den Mantel der Allwissenheit anziehen, erklären wir, dass die Welt, wie sie von den Menschen wahrgenommen und gestaltet wird, und die für sie vollkommen real ist, in Wirklichkeit eine Konstruktion ist, die auf Begriffen, Glaubensvorstellungen und Werten aufbaut, die zusammen das ergeben, was man gemeinhin ihre „Kultur“ nennt. Menschenwelten, darauf bestehen wir, seien kulturell konstruiert – unsere eigene natürlich ausgenommen, weil wir, eingetaucht ins Licht der Vernunft, sehen können, was sie nicht sehen können, dass diese verschiedenen Konstruktionen lediglich alternative Fabrikationen einer gegebenen Realität sind. Ihre Sicht der Dinge verharrt in einem luftigen Netz von Bedeutungen, unsere basiert auf objektiven Fakten. Wir sind Zuschauer in der Galerie menschlicher Verschiedenartigkeit; sie sind die Porträts. Wir können hineinschauen, sie können nicht herausblicken. Dieser Dreh kommt jedes Mal zur Anwendung, wenn wir das, was Menschen tun und sagen, nicht als Lektionen behandeln, von denen wir etwas lernen können, sondern als Beweismaterial, *um einen Sachverhalt daraus zu konstruieren.* Es läuft darauf hinaus, dass wir diese Dinge als Symptome für etwas anderes behandeln, für die verborgene Hand der Kultur, die, den Menschen selbst unbekannt, ihr Denken und Handeln lenkt. Hiermit wird die erste Regel der Anthropologie verletzt. Denn andere ernst zu nehmen bedeutet nicht, den Sachverhalt zu erledigen, sondern ihn für durch ihre Erfahrungen bereicherte Vorstellungswelten zu öffnen.

Die Fragen, die hier zur Diskussion stehen, gehen über jene hinaus, die wissen wollen, wie wir die Welt verstehen lernen können. Es sind grundlegendere Fragen, Fragen, die sich darum drehen, wie es eine Welt *geben* kann, die wir verstehen. Im unergründlichen Vokabular der Philosophie heißen Fragen der ersten Art, die vom Wissen und Verstehen handeln, epistemologisch; jene der zweiten Art, die vom Sein handeln, ontologisch. Obwohl der Übergang von der Epistemologie zur Ontologie geheimnisvoll erscheinen mag, ist er von umfassender Bedeutung.

Lassen Sie mich das anhand eines Beispiels erklären. In den 1930er Jahren forschte einer der vorausschauendsten Anthropologen des 20. Jahrhunderts, A. Irving Hallowell, beim Volk der Anishinaabe oder Ojibwa, indigenen Jägern und Fallenstellern im Norden von Zentralkanada. Mit William Berens, Anführer der Berens River Anishinaabe (siehe Abbildung 1), entwickelte sich eine enge Freundschaft. Berens war ein Mann von großer Lebensweisheit und Intelligenz, er hatte bei seinen Ältesten gelernt und aus den Erfahrungen, die er einer lebenslangen Achtsamkeit der Welt um ihn herum verdankte, Tiere, Pflanzen und vor allem die Steine eingeschlossen. Nach Hallowells Darstellung beeinflussten die Diskussionen mit Berens sein eigenes Denken ungemein. Bei einer dieser Diskussionen kamen die beiden einmal mehr auf das Thema Steine zu sprechen. Auslöser war die Beobachtung, dass in der Grammatik des Ojibwa, wie sie von Linguisten formalisiert worden war, das Wort für „Stein“ einer Wortklasse zugehörig schien, die für gewöhnlich eher auf belebte als auf unbelebte Entitäten angewendet wurde. Verblüfft fragte Hallowell: „Sind all die Steine, die wir hier um uns herum sehen, lebendig?“ Nach langem Nachdenken antwortete Berens folgendermaßen: „Nein! Aber einige sind es.“[3] Die Antwort hinterließ bei ihm bleibenden Eindruck, erinnert sich Hallowell. Aber er war sich nicht sicher, was er damit anfangen sollte.

Wie konnte jemand ernsthaft behaupten, dass etwas so Regloses wie ein Stein womöglich lebendig sein könnte? Und wenn einige lebendig sein können, warum sollten es dann nicht alle sein? Eine Möglichkeit, mit diesen Fragen umzugehen, mag in der Annahme bestehen, dass die Haltungen, die Menschen Dingen gegenüber einnehmen, womöglich von zweierlei Art sind. Es gibt eine praktische, dem alltäglichen Verhalten verpflichtete Einstellung und eine zweite, von Glauben und Ideologie belastete, die man Gelegenheiten ritueller oder zeremonieller Natur vol-

Abbildung 1: Chief William Berens, neben den lebenden Steinen seiner Ältesten sitzend; das Foto nahm A. Irving Hallowell 1930 auf, zwischen Grand Rapids und Pikangikum, Ontario, Kanada (American Philosophical Society).

ler symbolischer Assoziationen vorbehält. In einer erstmals 1912 veröffentlichten Abhandlung über die Grundlagen der Religion nannte Émile Durkheim – Begründer der Soziologie in Frankreich – diese Einstellungen „profan" bzw. „heilig".[4] Nehmen wir Tische als Beispiel. Gewöhnlich sind Tische für uns unbelebte Objekte, aber wenn es sich bei dem Tisch zufällig um einen Altar handelt, im Rahmen einer religiösen Zeremonie, dann sprechen wir ihm vielleicht durchaus außergewöhnliche Kräfte zu, als ob er spirituelle Lebenskraft ausstrahlte. Konnte es bei den Ojibwa und ihren Steinen das Gleiche sein? Es musste für die Ojibwa wie für andere Menschen so offensichtlich sein, dass Steine, wie man sie für gewöhnlich in ihrer natürlichen Umgebung vorfindet, unbelebt sind. Doch manche Steine mochten, aus gewissen Anlässen, geheiligt sein und denen, die sie so behandelten, als mit einer Art Aura oder Lebenskraft ausgestattet erscheinen. Hat das Berens gemeint, als er meinte, dass einige Steine lebendig seien? Könnte seine Aussage als Beweis für eine rituelle Haltung genommen werden, die Menschen geschlossen dazu verleitet, einer Selbsttäuschung zu verfallen und für Realität zu halten, was doch, wie sie aus ihrem alltäglichen Leben wissen, der Fantasie entspringt?

In unserer säkularen Welt ist es allzu leicht, etwas, das andere sagen und tun, einfach als Ritual hinzustellen, wenn es gegen unser Empfinden verstößt. Unsere Porträts exotischer Kulturen sind mit Ritualfarben verschmiert. Aber wie Hallowell wusste, wäre es eine Beleidigung für die Intelligenz seines Freundes gewesen, wenn er diesen Weg verfolgt hätte. Denn dieser hatte kein Statement zu einer Lehrmeinung abgegeben. Er versicherte nicht, dass Steine lebendig sind, Punktum, als handelte es sich um eine ausgemachte, von der Tradition verfügte Sache, und dies angesichts aller Gegenbeweise. Im Gegenteil: Berens gelangte erst nach langem Überlegen zu seiner Beurteilung. Und wie er sich große Mühe gab, Hallowell klarzumachen, war es ein Urteil, das auf persönlicher Erfahrung beruhte. Er hatte beobachtet, dass manche Steine sich aus eigenem Antrieb bewegen konnten und sogar Laute hervorbrachten, die wie menschliche Sprache klangen. Natürlich könnten wir, die wir davon überzeugt sind, dass Steine dergleichen Dinge nicht tun können, annehmen, er habe sich das nur eingebildet oder ausgedacht. Aber wäre Berens jetzt bei uns, würde er zweifellos wissen wollen, wie in unserer Philosophie Erfahrung und Vorstellung sich so ohne weiteres unterscheiden ließen. Erleben wir unsere Träume nicht? Unterscheidet sich die Welt unserer Träume wirklich so sehr von unserem Wachleben? Für jene von uns, die in Gesellschaften aufgewachsen sind, in denen die wissenschaftliche Autorität Priorität hat, markiert die Straße, die zur Wahrheit führt, die Trennlinie zwischen Fakt und Fantasie. Aber könnte es nicht anders sein? Was, wenn die Wahrheit im Einklang von Erfahrung und Vorstellung liegt, in einer Welt, für die wir lebendig sind und die lebendig für uns ist?

Das ist selbstverständlich keine objektive Wahrheit. Aber es ist eher eine, an der wir uns voll beteiligen können, als eine, von der wir uns als denkende Subjekte selbst auszuschließen gewillt sind. Solcherart kann sie nur provisorisch sein. Wir können nie mit Gewissheit von der Welt sprechen, als ob wir Bescheid wüssten, nicht weil sich unsere entsprechenden Hypothesen später als falsch herausstellen oder unsere Voraussagen als fehlerhaft erweisen könnten, wie Wissenschaftler sagen würden, sondern weil die Welt selbst in ihrer Struktur und Zusammensetzung überhaupt nicht festgelegt ist. Sie ist vielmehr fortwährend im Entstehen begriffen – wie wir als ein Teil davon ja auch. Aus genau diesem Grund ist diese unaufhörlich Gestalt annehmende Welt eine dauernde Quelle des Verwunderns und Erstaunens. Wir sollten darauf achten. Das ist es, was Berens uns lehrt, wenn wir nur bereit sind, seinen Worten mit der Ernsthaftigkeit zu begegnen, die sie verdienen. Sie bringen uns dazu, vieles, das wir ansonsten für selbstverständlich halten würden, in Frage zu stellen. Was an unserer eigenen Herangehensweise an die Realität lässt die Vorstellung beweglicher, sprechender Steine so offensichtlich fantastisch erscheinen? Immerhin ist bekannt, dass Steine wandern, sie bewegen sich auf geröllübersäten Hängen unter ihrem Gewicht bergab oder werden von Wasser, Eis oder Meereswellen fortgetragen. Und sie machen Geräusche, wenn sie gegeneinanderschlagen oder von anderen Objekten getroffen werden. Es ist, als hätte jeder Stein eine charakteristische Stimme wie die Menschen. Wenn wir mit Sprache die Art und Weise meinen, wie wir Menschen einen hörbaren nachhaltigen Eindruck hinterlassen, könnte dann nicht das Gleiche von widerhallenden Steinen gesagt werden? In diesem Sinne könnten auch sie sprechen.

Dingen die gehörige Aufmerksamkeit zu schenken – auf ihre Bewegungen zu achten und ihren Geräuschen zu lauschen – heißt, die Welt in voller Aktion zu überraschen, als würde man den Kamm einer Welle immer am Brechungspunkt reiten. Es bedeutet nicht, auf eine Welt zu treffen, in der die Würfel bereits gefallen sind – es heißt vielmehr, präsent und hellwach da zu sein, genau in dem Augenblick, da sie Gestalt annimmt. In jenem Augenblick verschmelzen Erfahrung und Imagination und die Welt wird lebendig. Indem wir unsere Wahrnehmung an die Strömungen der Weltwerdung binden, können wir, wie Berens, die Lebendigkeit von Dingen bezeugen, darunter Steine und noch vieles andere mehr. Aber das bedeutet, sich das Leben auf eine ganz andere Art vorzustellen, als die Wissenschaft es tut. Es ist kein geheimnisvoller Bestandteil, in Dingen verborgen, als ihnen innewohnend erachtet, woraus sie auf der Weltbühne bewegt würden. Es heißt vielmehr, sich das Leben als ein Potenzial von Materialkreisläufen und Energieflüssen vorzustellen, die die Welt durchströmen, um Formen entstehen zu lassen und sie für die ihnen beschiedene Zeitspanne an ihrem Platz festzuhalten. Es heißt mithin nicht, dass in den Steinen Leben ist. Eher sind Steine Teil des Lebens. In der Anthropologie ist diese Auffassung vom Sein und Werden der Dinge – diese Ontologie, wenn man so will – als Animismus bekannt. Einst als primitivste der Religionen abqualifiziert, die sich auf einen irrigen Glauben an die Spiritualität von Objekten gründe, gilt der Animismus heute als eine Poetik des Lebens, die sogar der Wissenschaft zu einem besseren Verständnis von der Fülle des Lebens verhilft. Das erhält man, wenn man andere ernst nimmt.

Zwei erwachsene Männer – ein US-amerikanischer Professor und ein Ojibwa-Ältester –, die sich über Steine unterhalten? Das Beispiel mag trivial, ja absurd erscheinen. Aber ich hoffe, Sie davon überzeugt zu haben, dass ihre Unterhaltung fundamentale Fragen über die Welt, in der wir leben, aufwirft, über unseren Platz in ihr, fürwahr über das Leben selbst. Es ist natürlich nur ein Beispiel unter zahllosen Gesprächen, die Anthropologen mit Menschen auf der ganzen Welt geführt haben, wobei in jedem solch großartige Fragen stecken mögen. Die Verlagerung auf Seinsfragen, die mit Hallowell begann, hat seither so sehr an Dynamik gewonnen, dass viele heutige Anthropologen von einer „ontologischen Wende" sprechen. Für Hallowell selbst – der trotz seiner Voraussicht ein Mann seiner Zeit war – war dies eine Drehung zu viel. Letztlich wandte er sich von seinem Freund tragischerweise ab. Der Titel seines Aufsatzes – „Ojibwa Ontology, Behavior and Worldview" (Ontologie, Verhalten und Weltanschauung der Ojibwa) – sagt es. Darin taucht Chief Berens als ein anonymer „alter Mann" auf, dessen Einstellung Steinen gegenüber lediglich die allgemein anerkannte Sichtweise seiner Kultur belegt. Wir können uns heute nicht mehr leisten, so selbstgefällig zu sein. Denn es ist wie nie zuvor klar geworden, dass die existenziellen Gewissheiten, auf denen die moderne Ära aufbaut, die Welt an den Rand des Abgrunds gebracht haben. Wir müssen alternative Herangehensweisen an das Problem, wie zu leben sei, schaffen, die den Riss zwischen die Welt kennen und in der Welt sein, zwischen Wissenschaft und Natur heilen könnten. Dieser Heilprozess ist ein notwendiger Schritt auf dem Weg in eine Zukunft, offen und tragfähig.

Um nicht missverstanden zu werden: Ich behaupte nicht, dass sogenannte „indigene" Völker wie die Ojibwa, deren Vorfahren vor der Ankunft europäischer Kolonisatoren jahrtausendelang von ihrem Land gelebt hatten, alle Antworten auf die Fragen nach dem richtigen Leben besitzen. Noch behaupte ich, dass sogenannte „Westler", deren Vorfahren am kolonialen Vorhaben beteiligt waren, alles falsch verstanden haben. Niemand hat die Antworten. Aber wir haben unsere verschiedenen Herangehensweisen, die auf persönlicher Erfahrung beruhen und darauf, was wir von anderen gelernt haben. Sie sind es wert, verglichen zu werden. Als Fach ist die Anthropologie dem spezifischen Wert des Vergleichens verpflichtet. Diese Verpflichtung ist ihr innerer Antrieb. Vergleichen heißt aber nicht, festgesetzte Formen des Denkens und der Praxis nebeneinanderzustellen, als hätten sie sich bereits in den Gemütern und Körpern von Menschen dieser oder jener Tradition abgelagert. Denn das Denken beschränkt sich genauso wenig auf die Wiederholung des bereits Gedachten als die Praxis auf die Wiederholung des bereits Getanen. Was wir vergleichen, sind vielmehr *Möglichkeiten* des Denkens und Tuns, die fortwährend alle Absichten hinter sich lassen, die man ihnen in den Weg legt. Hier geht es nicht um eine Katalogisierung der Vielfalt menschlicher Lebensweisen, sondern um die Teilnahme am Gespräch. Obendrein ist es ein Gespräch, in dem alle Beteiligten antreten, um sich einem Wandel zu unterziehen. Kurzum, es ist das Ziel der Anthropologie, das menschliche Leben zu einem Gespräch zu machen. Dieses Gespräch – dieses Leben – dreht sich nicht nur *um* die Welt. In gewissem Sinne (ich werde das in den folgenden Kapiteln näher ausführen) *ist* es die Welt. Es ist die eine Welt, die wir alle bewohnen.

2

ÄHNLICHKEIT UND VERSCHIEDENHEIT

Alle sind verschieden. Aber sind einige verschiedener als andere? Können wir sagen, dass die Leute hier mehr miteinander gemein haben, als jeder von ihnen mit den Leuten dort? Letztlich haben wir so gelernt, Menschen in Kulturen einzuteilen. Die Angehörigen einer Kultur, sind wir geneigt zu sagen, haben eine Menge gemeinsam: Gewöhnlich sprechen sie die gleiche Sprache, sie mögen sich für die gleiche Lebensart entschieden haben, den gleichen religiösen Regeln folgen, den gleichen Werten verpflichtet sein und so fort. Man könnte sogar sagen, dass sie dank dieser Gemeinsamkeiten ihre eigene kulturelle Welt bewohnen, die nur eine ist in einer Vielzahl solcher Welten, aus denen sich insgesamt das Mosaik der Menschheit zusammensetzt. Anthropologen stehen seit langem in vorderster Linie, wenn es darum geht, für kulturelle Vielfalt zu plädieren. Tatsächlich scheinen sie prinzipiell die Singularität abzulehnen: niemals *eine* Welt, darauf bestehen sie; immer *viele* Welten. Ich halte diesen Appell an die Pluralität jedoch für unangebracht. Er ist nicht nur prinzipiell falsch; er ist auch gefährlich für das Fach, da er uns im Widerstand gegen die Hegemonie globaler Kräfte, die zu massenhafter Ungleichheit, Entrechtung und Verschuldung geführt haben, hilflos zurücklässt. Eine Anthropologie, die den Namen verdient, muss meiner Ansicht nach auf dem Prinzip gegründet sein, dass wir *eine* Welt bewohnen. Aber diese Welt ist nicht die des globalen Finanzwesens, der internationalen Telekommunikation, „des Westens“. Es ist keine Welt der Ähnlichkeit, sondern eine Welt vielfältiger Verschiedenheit. Für die Anthropologie besteht die Herausforderung darin, klar und mit Überzeugung die Einheit einer solchen Welt deutlich zu machen.

Wenn wir uns jedoch dieser Herausforderung stellen wollen, müssen wir noch mal darüber nachdenken, was es bedeutet, von Menschen zu sagen, sie seien gleich oder anders, und das wird meine Aufgabe in diesem Kapitel sein. Für Anthropologen ist die Aufgabe untrennbar mit zwei Schlüsselbegriffen verbunden, die das Fach von Anfang an begleitet haben: „Natur“ und „Kultur“. Die Bedeutungen der beiden Wörter sind zahlreich und umstritten, und ich werde keinen Versuch machen, sie hier zu begutachten. Es sollte reichen, wenn ich sage, dass Natur seit langem schon die wesentlichen Eigenschaften impliziert, die bestimmte Dinge gemeinsam haben – Eigenschaften überdies, die von vornherein festgelegt, stabil und beständig sind. Was an Dingen natürlich ist, wird deshalb nicht nur als universell angesehen, sondern auch als angeboren, und mit dem Aufkommen der physischen und biologischen Wissenschaften hat man diese angeborene Komponente in zunehmendem Maße als in ihrer materiellen Struktur begründet gesehen. Kultur andererseits ist schon immer ein Merkmal der Unterscheidung oder Besonderheit gewesen. Im Begriff der bäuerlichen Kultivierung – wie dem Anbau von Feldfrüchten – wurzelnd, sollen die besonderen Eigenschaften, auf die das Wort verweist, nicht so sehr von Anfang an gegeben, sondern entwickelt oder erworben sein. Wo die Natur festgelegt ist, ist die Kultur demnach Wachstum, Variation und historischem Wandel unterworfen. Und je mehr die Festgelegtheit der Natur materiellen Bedingungen zugeschrieben wird, desto stärker läuft es darauf hinaus, dass Kultur als ein Überschreiben des Materials aufgefasst wird, annähernd so, als würde man Ideen zu Papier bringen. Kultur, so scheint es, ist ein Muster des Geistes.

Kurz und gut, die Dichotomie zwischen Kultur und Natur fasst zwei Oppositionen zusammen: die des Besonderen und des Universellen und die von Geist und Materie. Viele der Wirrungen und Widersprüche, zu denen die Diskurse über Natur und Kultur Anlass gegeben haben, verdanken sich dem Nichtzuordnungsstatus dieser beiden Gegensätze. Ökologen und Naturschützer zum Beispiel sehen in der Natur eine Welt der Biodiversität; Psychologen betrachten den Geist als Bereich kognitiver Universalien. Wo für die Ersteren alle Organismen verschieden sind, ist für die Letzteren Geist gleich Geist. Und die Anthropologen? Sie stecken in der gleichen Zwangslage. Es gibt eine natürliche Welt, was sie zugeben, und die Menschen sind – wie andere Tiere – ein Teil davon. Aber sie bestehen auch darauf, dass es zum Wesen des Menschseins gehört, diese Welt transzendiert zu haben, die Fesseln der Natur zerrissen zu haben, die alle anderen Geschöpfe in Gefangenschaft halten. Der Mensch, so scheint es, ist das eine; menschlich zu sein etwas anderes. Der Mensch ist das Individuum einer Spezies, Homo sapiens – eine von zahllosen Arten, aus denen das Tierreich besteht. Aber es ist das Zweite, so sagen wir, worin der Mensch über das Tier *hinausgeht*. Liegt es demnach in der Natur des Menschen, eine Art Tier zu sein oder einen Zustand zu erlangen, der mehr als animalisch ist? Eben diese Frage offenbart das Dilemma eines Geschöpfs, das sich selbst und die Welt, von der es ein Teil ist, nur dadurch erkennen kann, dass es sich aus dieser Welt entfernt und sie gewissermaßen von der anderen

Seite betrachtet. Der Anthropos, von dem die Anthropologie ihren Namen hat, ist der Inbegriff dieses Dilemmas.

Dem Philosophen Giorgio Agamben zufolge ist unsere moderne Vorstellung vom Menschsein das Produkt einer „anthropologischen Maschine", die uns in unserer Befähigung zur Selbsterkenntnis erbarmungslos von der Welt absondert, die wir und andere Kreaturen bewohnen.[1] Wir sehen uns als menschliche Subjekte, hilflos in einer Welt aus materiellen Objekten. Diese Trennung ist sowohl der Ursprung der Aufspaltung zwischen den kulturellen und biologischen Dimensionen der menschlichen Existenz, als auch das Hindernis, das bislang alle Versuche hat scheitern lassen, zu einem mehr teilnahmeorientierten Verständnis des menschlichen Lebens auf der Welt zu kommen. Den toten Punkt zu überwinden erfordert nichts Geringeres als eine Demontage der Maschine. In diesem Sinne, glaube ich, besteht die Aufgabe der Anthropologie darin, über die Idee der Humanität *hinauszugehen* oder sie zumindest anders zu formulieren. Den ersten Schritt in diese Richtung zu machen heißt, Natur und Kultur nicht als Antworten, sondern als Fragen zu begreifen. Die Frage der Natur lautet: In welcher Hinsicht sind Menschen vergleichbar? Was bringt sie dazu, Dinge auf weitgehend gleiche Weise zu tun? Und die Frage der Kultur lautet: In welcher Hinsicht unterscheiden sich Menschen? Warum tun sie Dinge anders? Wir können beispielsweise beobachten, dass alle Menschen nach der Säuglingszeit auf zwei Füßen gehen, dass aber nur manche Leute gewohnheitsmäßig Lasten auf ihren Köpfen tragen. Es ist sinnvoll, nach dem Warum zu fragen. Aber die Schlussfolgerung, dass jeder auf zwei Beinen geht, weil es in der menschlichen Natur liegt, dies zu tun, oder dass manche Leute (nicht aber andere) Lasten auf ihren Köpfen tragen, weil es ihre Kultur so will, wäre ein offenkundiger Zirkelschluss.

Der Fehler liegt in der Annahme, Natur und Kultur nicht als

Fragen, die wir an den Menschen stellen, zu sehen, sondern als Urheber und Verursacher, die, in unserem Körper und Geist steckend, unser Verhalten steuern und bestimmen, was wir denken und tun. Diese Ursachen sind unter verschiedenen Namen bekannt. Oft heißt es, die menschliche Natur liege „in unseren Genen". Diese Gene haben keine direkte Verbindung zu dem, was Molekularbiologen Genom nennen – jene Stränge von Nucleotidbasen (an die drei Milliarden beim Menschen), aus denen die DNA in jedem Zellkern besteht. Vielmehr bezeichnen sie vererbliche Merkmale, die gemeinhin als „Züge" beschrieben werden. Zusammen bilden diese Züge eine Art Muster des universalen menschlichen Wesens. Entsprechendes hat man für die Kultur vorgeschlagen. Wenn die allgemeingültigen Wesenszüge der menschlichen Natur von Genen übertragen werden, dann, so die Idee, müssen die besonderen Züge der Kultur durch gleichwertige Informationspartikel vorgegeben sein, die eher im Denken angesiedelt sind als in der Physis und eher über nachahmendes Lernen weitergegeben werden als durch genetische Replikation. In neuerer Zeit ist es populär geworden, diese Partikel in Anlehnung an den Biologen Richard Dawkins „Meme" zu nennen.[2] Unabhängig davon indessen, welche Züge den Genen oder den Memen zugeschrieben werden, landen wir letztlich im selben Zirkel. In beiden Fällen sind, was als Gesetzmäßigkeiten des Verhaltens beobachtet und beschrieben wird, in Körper und Geist als deren zugrundeliegende Ursachen vorinstalliert. So werden Berichte *von* menschlichen Formen des Denkens und Tuns wie durch Zauberei in Erklärungen *für* sie verwandelt. Gen- und Mem-Theoretiker haben nichts Geringeres entdeckt, als dass Leute Dinge tun, weil sie sie tun!

Nun lässt sich nicht leugnen, dass die meisten Anthropologen von etwas angetrieben werden, das man „Vorliebe für den Unterschied" genannt hat.[3] Sie zeigen gern, wie es für alles, was uns als natürliches menschliches Handeln in den Sinn kommen mag, stets Menschen gibt, die Dinge auf andere Weise erledigen. Sie sind skeptisch, was Versuche angeht, das Menschsein zu „naturalisieren", beobachten sie doch, dass die meisten Menschen Dinge, die *sie* als natürlich begreifen, bloß auf alle anderen projizieren, wobei alle, die nicht in dieses Schema passen, als nicht ganz menschlich eingestuft werden. Es ist also nicht verwunderlich, dass Anthropologen nervös werden, wenn es darum geht, echte Universalien vorzuschlagen. In einem Versuch, das Gleichgewicht wiederherzustellen, listete der US-amerikanische Anthropologe Donald Brown – in einem Buch von 1991 mit dem Titel *Human Universals* – mehrere hundert Merkmale und Eigenschaften auf, für die es, wie er behauptete, keine bekannte Ausnahme gab.[4] Es ist eine bizarre Liste, die nicht nur solche Grundelemente wie „Sprache", „Symbolismus" und „Werkzeugbau" enthält, sondern auch „Frisuren", „Ödipuskomplex" und „Schlangen, Vorsicht in der Nähe von". Nicht ein Begriff beruht natürlich auf einer erschöpfenden Untersuchung aller Menschen zu allen Zeiten, da eine solche Aufgabe eindeutig unmöglich zu bewältigen wäre. Für manche allerdings gibt es reichlich Ausnahmen. Ein Beispiel ist „Kultur/Natur–Abgrenzung". Wir wissen, dass viele Völker einschließlich der Ojibwa, denen wir im vorangegangenen Kapitel begegnet sind, keinerlei Konzepte haben, die mit unseren Vorstellungen von Natur und Kultur übereinstimmen und alle Unterscheidungen der Art, wie sie ihnen in der westlichen Ideengeschichte angeheftet wurden, verwerfen würden. Aber während es immer leicht ist, Ausnahmen von irgendwelchen Generalisierungen zu finden, betrifft das schwerwiegendere Problem den Stellenwert, der den angeblichen Universalien zugewiesen werden soll. Was sollen wir von ihnen halten?

Brown interessiert sich vorrangig für jene Universalien, die er angeboren nennt, und er ist überzeugt davon, dass sie einem menschlichen Prototyp eingepflanzt wurden, der sich mit Hilfe eines Darwin'schen Variationsmechanismus unter Bedingungen der natürlichen Selektion über einen Zeitraum von hunderttausenden von Jahren in jener geologischen Ära entwickelt habe, die als Pleistozän bekannt ist, während der unsere Vorfahren in erster Linie von der Jagd auf wilde Tiere und vom Sammeln wilder Pflanzen lebten. Das Leben war gefährlich in jenen Tagen, Bevölkerungen waren dünn gesät und Raubtiere eine wirkliche Bedrohung. Die Menschen mussten deswegen ihren Verstand gebrauchen; sie mussten in der Lage sein, zusammenzuarbeiten und ihre im Vergleich mit denen der Tiere, die sie jagten und von denen sie gejagt wurden, kümmerlichen körperlichen Kräfte mit künstlichen Instrumenten zu verbessern. Es ist leicht, sich die Vorteile vorzustellen, die durch verbale Kommunikation einer Zusammenarbeit zugute kamen, und den Nutzen, den man durch die Befähigung, sich seine eigenen Werkzeuge auszudenken und anzufertigen, für die Jagd daraus ziehen konnte. Und es wäre für barfüßige Jäger und Sammler in praktischer Hinsicht offenkundig sinnvoll gewesen, vor Giftschlangen auf der Hut zu sein. Vielleicht also überlebten sprachbegabte, Werkzeug machende und schlangenfürchtende Menschen länger und hatten proportional gesehen mehr Nachwuchs. Vielleicht entwickelten diese Nachkommen, die mit ähnlichen Herausforderungen in ihrer Umwelt konfrontiert waren, ähnliche Anlagen. Aber gewährleistet dies den Schluss, dass diese Fähigkeiten, die unter den Umweltbedingungen des Pleistozäns entstanden sind, letztlich so in der Konstitution des Menschen verankert wurden, dass sie noch heute vorhanden sind? Weisen gegenwärtige Menschen ohne Ausnahme die gleiche Allzweckgestaltung auf? Ist jedes menschliche Neugeborene von vornherein mit einer Vorrichtung zum Spracherwerb, einer Fertigkeit, seine oder ihre eigenen Werkzeuge zu entwerfen und anzufertigen, und einem automatischen Schlangenwarnsystem ausgestattet?

Es ist zweifellos richtig, dass die überwältigend große Mehrzahl der Menschen nach der Kindheit sowohl sprachfähig ist als auch in der Lage, Werkzeuge herzustellen. Es mag auch so sein, dass die meisten Leute Angst vor Schlangen haben, sogar Leute wie ich, die ihnen im wirklichen Leben selten begegnet sind, es sei denn hinter dem Glas eines Reptilariums. Wir scheinen in der Tat sehr viel mehr Angst vor Schlangen zu haben als vor Schusswaffen oder Automobilen, auch wenn in der heutigen Welt die Chancen, von Letzteren verletzt zu werden, ungemein größer sind als von Ersteren. Wenn ich also in Panik aus einem von Schlangen wimmelnden Alptraum aufwache, ist das Schrillen meiner Alarmglocken dann ein fernes Echo auf die realen Erfahrungen meiner frühesten Vorfahren? Hält sich in jedem von uns unterbewusst ein Jäger-Sammler versteckt, der darum ringt, herauszukommen? Sind wir, kurz gesagt, die Geschöpfe unserer evolutionären Vergangenheit, gegenwärtig in der Fremde und dazu verurteilt, den Herausforderungen des Lebens im 21. Jahrhundert mit Anpassungen zu begegnen, die unser steinzeitliches Erbe sind? Es ist immer noch üblich, viele der Zivilisationsschäden auf die Diskrepanz zwischen beiden Zeitaltern zurückzuführen. So wird zum Beispiel eine instinktive Neigung für süße Nahrung, die, so lange die Vorräte in der Natur begrenzt waren, eine Frage der Anpassungsfähigkeit gewesen wäre, weithin für rasante Zuwachsraten bei Fettleibigkeit und Diabetes in der zuckergesättigten Ernährungswelt von heute verantwortlich gemacht. Und der Demonstration aggressiven Verhaltens, was für unsere Jäger-Sammler-Vorfahren eine relativ harmlose Konfliktlösungsmöglichkeit dargestellt haben mag, mittlerweile aber mit schnellen Fahrzeugen oder Raketen in Verbindung gebracht werden kann, hat man praktisch alles zur Last gelegt – von der Gewalt im Straßenverkehr bis zur unmittelbaren Bedrohung durch einen Atomkrieg.

Diese Berufung auf den Instinkt ist jedoch mit einem elementaren Fehler behaftet, und dies aus einem einfachen Grund: Ein Merkmal wie Naschhaftigkeit oder eine Neigung zur Aggression (unter Männern) oder gar die Furcht vor Schlangen, das ist nicht etwas, mit dem man geboren wird. In welcher Phase des Lebenszyklus es kenntlich wird – ob in der frühen oder späten Kindheit, in der Jugend, im Erwachsenen- oder im hohen Alter –, es entsteht in einem bestimmten Umfeld aus einem Wachstums- und Reifeprozess heraus. Fachsprachlich ist dieser Prozess als Ontogenese bekannt. Es existiert kein Attribut, keine Fähigkeit oder Veranlagung beim Menschen oder in Geschöpfen irgendwelcher anderen Art, die sich nicht im Laufe der ontogenetischen Entwicklung ausgebildet haben. Noch einmal, wie schon bei der Idee der genetischen Determiniertheit: Was wir tun, dem Instinkt zuzuschreiben, heißt, das Ergebnis eines Entwicklungsprozesses als seine Ursache zu deuten. Im wirklichen Leben spielen die Umweltbedingungen, mit denen wir es zu tun haben, eine ebenso nachhaltig prägende Rolle wie alles, was für die betreffenden Individuen wesensmäßig ist. Das soll der „Umwelt" gegenüber der „Natur" keine Priorität einräumen. Es soll auch nicht besagen, dass die Menschen *eher* durch die Umwelt als durch ihre Gene gestaltet werden, auch nicht, dass wir die jeweiligen Beiträge der beiden Bereiche ausklammern oder prozentual gewichten könnten. Genauso wenig wie andere Lebewesen sind Menschen die *Produkte* eines Zusammenwirkens innerer und äußerer Ursachen, von Genen und Umwelt. Sie sind keine Produkte. Punktum. Sie sind die Produzenten ihres Lebens und reagieren in jedem Augenblick auf die Zustände, mit denen sie es zu tun bekommen – Zustände, die infolge ihrer eigenen Aktionen und der Handlungen anderer sich in der Vergangenheit kumulativ herausgebildet haben.

Wir können deshalb menschliche Verschiedenheiten nicht so auffassen, als wären sie aufgrund von Erfahrungen mit der Umwelt zu den grundlegenden Universalien, über die wir von Anfang an gemeinsam verfügten, hinzugekommen. Das menschliche Leben ist keine Passage von der Einheitlichkeit zur Vielfalt oder, wie oft geäußert wird, von der Natur zur Kultur. Nehmen wir als Beispiel die Sprache. Während die überaus große Mehrheit erwachsener Menschen über die Gabe des Sprechens verfügt, sind die Sprechweisen außerordentlich variabel. Viele Linguisten haben sich dafür ausgesprochen, dass diese Mannigfaltigkeit dadurch möglich gemacht wird, dass in unseren Köpfen allen gemeinsam ein sogenannter „Spracherwerbmechanismus" vorinstalliert ist. Man hat den Menschen sogar einen „Sprachinstinkt" zugeschrieben.[5] Aber woher ist dieser Mechanismus gekommen? Würde man sagen, er läge „in den Genen", hieße das, sich einer Logik zu überlassen, deren zirkelhaften Charakter wir bereits nachgewiesen haben. Sollte ein mentaler Apparat für den Spracherwerb überhaupt existieren, könnte er nur in einer frühen Entwicklungsphase aufgetreten sein. Faktisch entwickelt sich das menschliche Kleinkind jedoch in einem Umfeld, das bereits mit den charakteristischen Sprachlauten der Gemeinschaft gesättigt ist. Es sind dies Laute, besonders die Stimme der Mutter, die das kleine Kind schon lange, bevor es geboren ist, hört: Tatsächlich sind es die Laute, in denen es sich selber hört, während es sich zum Fötus im Mutterleib entwickelt. Es ist daher unmöglich, die Entwicklung einer „angeborenen" Fähigkeit zum Spracherwerb generell von der „erlernten" Fähigkeit zu trennen, in der oder den besonderen Sprachen zu sprechen, die man dabei erlernt hat, als ob erstere Befähigung der letzteren voranginge und die Grundlage für sie legte. Differenzierung gibt es von Beginn an.

Kurzum: Sprechen lernen *heißt* in der Art und Weise seines Volkes sprechen zu lernen; es bedeutet nicht, eine Schicht sprachlicher Details auf eine andere aus im Voraus bestehenden Universalien zu häufen. Das Gleiche gilt für alle anderen Fertigkeiten, auf die wir aufmerksam machen könnten. So lernen Leute auf viele verschiedene Weisen gehen. Das ist abhängig von der Bodenbeschaffenheit, der Zusammensetzung des Schuhwerks (falls welches getragen wird) und unterschiedlichen Erwartungen hinsichtlich dessen, was für Personen verschiedenen Alters, Geschlechts und Status angemessen ist. Aber diese Besonderheiten werden keiner universellen Befähigung zu zweibeiniger Fortbewegung hinzugefügt, die irgendwie von Anfang an vorhanden ist. Gehen lernen heißt gehen zu lernen, indem man es tut – ein Prozess zudem, der nie abgeschlossen wird, sondern sich das ganze Leben hindurch fortsetzt, teilweise in Erwiderung auf den Rückhalt und die Begleitung anderer und teilweise als Reaktion auf die sich verändernde Biodynamik eines Körpers, der immer älter wird. Mein Vater pflegte zu sagen, er habe als Vierfüßer begonnen, sei zunächst zu einem Zweibeiner geworden, dann mit Gehstock zu einem Dreibeiner und schließlich, mit einem Rollator ausgestattet, zu einem insektenähnlichen Sechsfüßer. Diese Veränderungen in der Beweglichkeit waren seinem Körper nicht imprägniert, sondern ihm zugewachsen – und hatten sich durch umweltbezogene Übung und Schulung zu seinem eigenen *modus operandi* entwickelt. Demgemäß sind Verkörperung und Ontogenese, der Erwerb besonderer Techniken und die Entwicklung des menschlichen Organismus nicht auf gegenüberliegenden Seiten einer Kluft zwischen kultureller Konditionierung und biologischem Wachstum zu finden. Sie sind ein und dasselbe. Unsere Körper sind wir und wir sind sie. Wenn sie altern, altern wir auch.

Die Formung des Menschen durch die Lebensführung ist eine Sisyphusarbeit. Fortwährend kreieren wir uns selbst und gegenseitig. Unser Wort für diesen Prozess kollektiver Selbstinszenierung ist Geschichte. Wir machen uns selbst zu geschichtlichen Wesen, indem wir, durch das, was wir tun, die Bedingungen festlegen, unter denen die folgenden Generationen heranreifen. So wie diese Bedingungen sich ändern, ändern auch wir uns. Wir entwickeln Eigenschaften, Fertigkeiten und Anlagen, die unseren Vorgängern unbekannt waren. Man denke nur an all die Dinge, die wir dank der historischen Erfindung des Rads tun können. Eines davon ist Radfahren. Radfahren ist eine körperliche Geschicklichkeit, die heutzutage so weit verbreitet ist, dass wir es fast für natürlich halten, dass Menschen ebenso Rad fahren können wie zu Fuß gehen. Es kann jedoch nur dazu kommen, wenn die notwendigen Gegebenheiten existieren: eine „Maschine", Wege, die man auf einem Rad (d.h. Vorder- und Hinterrad) befahren kann, und jemanden – gewöhnlich ein Elternteil –, der uns anschiebt. Wir können Fähigkeiten auch verlieren, wenn die Bedingungen für ihr Entstehen nicht länger gegeben sind. Gerade in der heutigen Zeit wächst eine Generation von Kindern heran, denen die Fähigkeit abgeht, mit der Hand zu schreiben. In unserem digitalen Zeitalter gilt das Schreiben mit der Hand nicht mehr als unerlässliche Kompetenz fürs Leben. Es wird vielleicht sogar eine Zeit kommen, wenn künftige Generationen die Gehfähigkeit verlieren; für Astronauten besteht das Risiko bereits. Es ist deshalb ein großer Fehler, Vergangenheit und Zukunft mit Leuten zu bevölkern, die sich von uns nicht unterscheiden. Körperlich werden unsere fernen Nachkommen nicht so sein wie wir, genau so wie wir körperlich nicht mit unseren Vorfahren vor langer Zeit übereinstimmen.

Geschichte steht mithin nicht wie ein Gebäude auf dem Fundament einer entwickelten menschlichen Natur. Die meisten Versuche, diese Natur zu verdeutlichen, erweisen sich bei näherer Betrachtung als lediglich dürftig getarnte Porträts dessen, was ihre von den Wertbegriffen der Moderne durchdrungenen Autoren für die idealen Errungenschaften des Menschseins halten, Dinge wie Kunst, Technologie, Wissenschaft und Vernunft eingeschlossen. Wenn wir auf unsere Jäger-Sammler-Vorfahren das Leistungsvermögen projizieren, alles, wozu wir heute imstande sind, auch bewältigt zu haben, vorgeblich mit dem genetischen Kapital der Spezies, dann wird Geschichte als jener glorreiche Prozess dargestellt, durch den diese Fähigkeiten triumphal in Erfüllung gegangen sind. So wird behauptet, dass an Höhlenwänden erhaltene Bilder mit einem Alter von annähernd 30 000 Jahren ein künstlerisches Können verraten, das in der europäischen Renaissance seinen Höhepunkt hatte, dass Steinwerkzeuge derselben Periode und Herkunft eine technologische Begabung offenbaren, die ihren höchsten Entwicklungsstand mit dem Mikrochip erreichte, dass die Menschen, die die Gemälde und die Werkzeuge herstellten, die Anlagen eines Newton oder Einstein hatten. Aber diese ausgesprochen eurozentrische Vorstellung, gemeinhin als „der Aufstieg des Menschen“ verkündet, schiebt die Leistungen jener zur Seite, deren Geschichte zufällig nicht mit dem modernen Fortschrittsmythus konform geht. Während wir all das, wozu wir imstande sind, sie aber nicht, der großartigeren Entwicklung der arttypischen Fähigkeiten in uns selbst zuschreiben, verweisen wir alles, was sie können, wir aber nicht, auf die Besonderheiten kultureller Tradition. Die menschliche Natur dient folglich zu wenig mehr, als den Glauben an unsere eigene Überlegenheit zu stützen.

Wie die meisten Menschen, die in einer nominell „westlichen“ Gesellschaft geboren und aufgewachsen sind, bin ich daran gewöhnt, auf einem Stuhl zu sitzen, finde hingegen eine Hockposition äußerst unbequem. Ich kann gehen, aber keine Lasten auf meinem Kopf balancieren (siehe Abb. 2). Ich kann lesen und schreiben, habe aber kein Talent für episches Geschichtenerzählen. Was, abgesehen von den Vorurteilen meiner Erziehung, hindert mich daran, das Hocken, Auf-dem-Kopf-Tragen und Geschichtenerzählen als artumfassende Eignungen anzuerkennen, die bei Menschen anderer Zivilisationen vollständiger entwickelt

Abbildung 2 Frauen tragen Bündel von Eukalyptusästen auf dem Kopf die Hänge der Entoto–Berge nahe Addis Ababa, Äthiopien, hinab. Sie verkaufen das Holz, das zum Kochen gebraucht wird, in der Stadt. Eine Skizze von Manuel Ramos. Mit freundlicher Genehmigung des Künstlers und Ethnografen.

sind als in meiner eigenen? Der einzige Weg, dieses Vorurteil zu überwinden, bestände darin, alle derartigen Begabungen unter dem Schirm einer generalisierten Befähigung unterzubringen, die alles vermöchte, was Menschen in der Vergangenheit jemals getan haben und was ihre Nachfolger in der Zukunft jemals tun werden. In der Ausdrucksweise der Anthropologie hat man dies „kulturelle Befähigung" genannt: mit der Begründung, dass Formen menschlichen Lebens zwar nahezu unbegrenzt variieren mögen, die Befähigung zur Aneignung dieser Formen jedoch allen gemeinsam sei – eine echte Universalie, mit der alle Menschen von Beginn an ausgerüstet wären. Menschen sollen von Natur aus für den Erwerb der Kultur der Gemeinschaft, in die sie hineingeboren werden, vorprogrammiert sein, genauso wie für den Erwerb ihrer Sprache. Im Gegensatz zu anderen Tieren, die instinktiv wissen, wie man etwas tut, müssen Menschen lernen. Der Gelegenheit beraubt, dies zu tun, würde ein Individuum verkümmert und verkrüppelt zurücklassen. Menschen stehen insofern einzigartig da, als behauptet wird, die Kultur würde das Defizit ausgleichen zwischen dem, was die Natur uns gibt, und dem, was wir benötigen, um in der Welt zu wirken.

Dieses Denken stand hinter einem oft wiederholten Urteil über die Conditio humana, die vor fünfzig Jahren von dem US-amerikanischen Anthropologen Clifford Geertz verkündet wurde: „Als einer der bemerkenswertesten Fakten über uns", so Geertz, „könnte sich letztlich erweisen, dass wir alle mit einer naturgegebenen Ausstattung beginnen, die uns ein Leben auf tausendfache Art ermöglichen würde, am Ende aber nur auf eine einzige Weise gelebt haben."[6] Das menschliche Leben ist dieser Auffassung nach eine Bewegung vom Allgemeinen zum Besonderen, vom Naturgegebenen zum kulturell Erworbenen, mit der Folge, dass Kapazitäten allmählich ausgefüllt und Möglichkeiten eingeschränkt werden. Unser Urteil jedoch ist genau entgegengesetzt. Es lautet: Das Leben ist keine Bewegung des Schließens, sondern des Öffnens, und lässt ständig alle möglichen Ziele hinter sich, die man ihm gesetzt haben mag. Folglich ist unser Rüstzeug fürs Leben, darunter Körpertechniken und Denkweisen, keine Fertigware, sondern wird unablässig im Schmelztiegel unserer Aktivitäten geformt, die wir zusammen mit oder an der Seite von anderen durchführen. Die kindliche Befähigung zu gehen und zu sprechen entwickelt sich also in wachsenden Körpern, unter zahllosen Versuchen sich zu bewegen, mit den Altersgenossen Schritt zu halten, ihre Aufmerksamkeit auf sich zu ziehen und sich selbst verständlich zu machen. Wenn die meisten Menschen gehend und sprechend aufwachsen, dann nicht, weil die Befähigung zu beidem durch Anlagen unterstützt wird, die von vornherein gegeben sind, sondern weil ihre improvisierten Bewegungen und Verständigungen – unter vielfältigen Umweltbedingungen und mit der Unterstützung von Begleitpersonen – sich tendenziell einander annähern und angleichen. In diesen Konvergenzen und nicht darin, was wir vorab gemein haben, liegt die Antwort auf die Frage nach der menschlichen Natur.

Menschenleben beginnen demnach nicht in natürlicher Geschlossenheit und sie enden nicht in kultureller Differenzierung. Es muss etwas falsch sein mit einem erklärenden Schema, das sich auf die lächerliche Behauptung stützt, dass – in den Worten der Evolutionspsychologen John Tooby und Leda Cosmides – „Kleinkinder überall dieselben sind".[7] Jedes Kind ist anders, nicht nur wegen des einzigartigen Genoms, sondern weil ein jedes an einem bestimmten Ort zu einer bestimmten Zeit in die Welt kommt, wobei es schon eine formative Heranreifungsphase im Leib der angehenden Mutter hinter sich gebracht hat, die ihrerseits das intensive Leben ihrer Gemeinschaft teilt und in enger Verbindung zu deren Umwelt steht. Jeder von uns, der in diese Welt fortwährender Veränderung geworfen wird, hat keine Alternative, sondern kann nur an Ort und Stelle weitermachen und sich einen Weg bahnen – etwa so wie der Hauptarm eines Flussdeltas –, der sich ständig mit anderen Lebensweisen vereinigt und wieder trennt. Konvergenz und Divergenz schreiten für die Dauer eines Lebenszyklus gemeinsam voran; so unterscheiden wir uns gegen Lebensende nicht stärker voneinander als zu dem Zeitpunkt, als wir geboren wurden. Während des gesamten Lebens, von der Wiege bis zur Bahre, unterscheiden sich Menschen gerade im Vorgang des Miteinandergehens. In menschlichen Familien fächern sich die Leben von Geschwistern auf, die einst die Vertrautheit von Heim und Herd miteinander geteilt hatten, nur um bei der Gründung eigener Familien sich mit anderen Leben zu verbinden. Es ist ihre Gleichheit, die sie scheidet. Verschiedenheit hingegen ist der Klebstoff, der uns alle zusammenhält.

Wenn das die Lehre der heutigen Anthropologie ist, so entspricht es nicht dem, was man mir als Anthropologiestudenten an der Universität Cambridge vor annähernd fünfzig Jahren beigebracht hat! Damals war es selbstverständlich, dass Verschiedenheit so viel wie Teilung, Trennung bedeutete. Es ging darum, Dinge oder Menschen auseinanderhalten zu können, was man nur tun konnte, wenn man sie in Kategorien dieser oder jener Art, auf einem höheren oder geringeren Differenzierungsniveau, einteilte. Dementsprechend können auf Artebene unterschiedene Tiere als der gleichen Gattung zugehörig klassifiziert werden. Und Menschen, die sich auf einer Ebene ihren gemeinschaftlichen Betätigungen gemäß einstufen würden – im Gegensatz zu jenen, die anders handelten –, würden auf einer anderen Ebene ihre Differenzen begraben und sich mit jenen anderen gegen die gar noch Entfernteren zusammenschließen. Diese Anordnung der Welt in verschachtelte Segmente wurde uns als etwas eingepaukt, das einem anthropologischen Gesetz nahekam. Einer meiner Lehrer in dieser Zeit war Edmund Leach, der, abgesehen davon, dass er ein bedeutender Sozialanthropologe war, auch ein prominenter, in der Öffentlichkeit präsenter Intellektueller war. 1967 hielt Leach unter dem Titel *A Runaway World?* bei der BBC*

* Von BBC Radio 4 und BBC World Service seit 1948 jährlich gesendete Rundfunkvortragsreihe, gehalten von bekannten und bedeutenden Personen des öffentlichen Lebens: Wissenschaftlern, Philosophen, Politikern, Künstlern. Benannt nach dem 1. Direktor der BBC, John Reith, der sie initiierte (*Anm. d. Übs.*).

die Reith Lectures. Es ist, erklärte er in einem seiner Vorträge, was die Verfasstheit des Menschen angeht, eine Tatsache, dass alle Verschiedenheit gegensätzlich ist. So „identifiziere *ich* mich mit einem kollektiven *Wir*, das dann wiederum im Gegensatz zu irgendeinem anderen steht.“[8] Es kann kein „uns“ geben, teilte Leach seinen Hörern mit, ohne ein „sie“. Wir sind uns gleich, weil wir gerade dies tun, sie sind sich gleich, weil sie eben jenes tun; in einer geteilten Welt wird Verschiedenheit an die Grenze zwischen uns und ihnen verschoben.

Liegt darin Identität – in dem, was uns alle gleich macht, beziehungsweise identisch? Kennzeichnet Identität uns als Mitglieder einer Ingroup? Ist Verschiedenheit an den Außenrändern der Identität oder in ihrem Zentrum zu finden? Diese Fragen gehören zu den unbequemsten unseres Zeitalters. Denn sie rühren an die entscheidenden Grundlagen unserer Stellung in der Welt, an das, was wir zu sein glauben. Fragt mich, wer ich bin, und ich kann eine Geschichte sein über die Beziehungen zu den Menschen in meinem Umkreis, den Stätten, die ich bewohnt, und den Dingen, die ich gemacht und benutzt, all dessen ich mich im Lauf meines bisherigen Lebens erfreut habe. Ihnen verdanke ich meine Existenz, und auch sie verdanken ihre Existenz in einem gewissen Maß mir. Ihre Geschichte ist natürlich eine andere als meine, doch sind wir, so gewiss Sie diese Zeilen lesen, Reisegefährten durch die Landschaft sozialer Beziehungen. In einer topografischen Landschaft kann jemand von Ort zu Ort gehen, ohne eine Grenze zu überschreiten. Ist es dann nicht gleichermaßen möglich, dass ein Ort von Person zu Person wechselt – und somit einen gemeinsamen Ort, einen *Gemeinplatz*, schafft –, ohne ihre Unterschiedlichkeit an eine belanglose Ähnlichkeit preiszugeben? Wenn Sie und ich und der ganze Rest von uns einander schon gleich wären, worüber müssten wir dann noch reden? Welche Art Gespräch könnten wir führen? Allein deshalb, weil wir unterschiedliche Dinge aufs

Tapet bringen – Erfahrungen, Beobachtungen, Fertigkeiten –, können daraus gemeinsame Belange werden.

Tatsächlich bedeutet schon der englische Begriff community (Kommunität, Gemeinschaft) vom Lateinischen *com-* (zusammen, miteinander, gemeinsam) und *munus* (Geschenk, Gabe) nicht nur „Zusammenleben", sondern auch „Zusammengeben". Wir gehören zu Gemeinschaften, weil jeder von uns in seiner Verschiedenheit etwas zu geben hat. Identität in einer Gemeinschaft ist also prinzipiell eine *Sache von* Beziehungen: Wer wir sind, zeigt an, wo wir uns zu jedem Zeitpunkt eines gemeinsamen Lebens im Wechsel von Geben und Nehmen wiederfinden. Dieses Identitätsgefühl steht jedoch in deutlichem Widerspruch zur Verfassung des modernen Staats, der keine Unterschiede unter seinen Bürgern duldet, sondern vielmehr Gleichheit fordert – als Verpflichtung und Berechtigung. Für den Bürger heißt Identität nicht Zugehörigkeit zu anderen, zu einer Gemeinschaft oder einem Ort. Sie ist eher ein *Attribut*, das zu dir gehört, ein Recht oder ein Besitz, der dir zusteht und sogar gestohlen werden kann. Die potenzielle Sprengkraft, die das Konzept der Identität enthält, und ihr Vermögen, politisches Unheil anzurichten, liegen exakt in dem Widerspruch zwischen diesen beiden Sinngehalten, nämlich, ob es um Beziehungen oder um Zuordnungen geht. Es ist ein Widerspruch, der immer dann in Erscheinung tritt, wenn sich die Gemeinschaft von der Staatsmacht bedroht fühlt. In solchen Zeiten sind die Leute dazu aufgefordert, ihre Verschiedenheit in Begriffen der Zuordnung zu bestätigen. Damit sollen eben die Beziehungen, von denen sie ihr Zugehörigkeitsgefühl herleiten, als äußerliche Bekundungen innerlicher, angeborener Eigenschaften, ihnen zugehörig, umgestaltet werden. Aus dem „Wir" der Gemeinschaft sollen „Leute wie wir" werden, vereint gegen „sie", in Verteidigung eines gemeinsamen Erbes oder kultureller Wesenszüge. Darin liegen die Wurzeln des Ethnizitätsphänomens.

Aber wenn „wir“ die Gemeinschaft bilden, wer sind dann „sie“? Wenn wir dazugehören, tun sie es nicht; wenn wir unsere Existenz anderen verdanken, tun sie es nicht; wenn wir einen Platz in der Welt haben, haben sie keinen; wenn wir Geschichten zu erzählen haben, sie nicht. Wer sind diese Menschen, die gleichermaßen niemandem verpflichtet, Bewohner von Nirgendwo und auf eine universelle Denk- und Ausdrucksweise festgelegt sind? Es sind selbstredend die archetypischen Vertreter der Moderne, Bürger des von uns so genannten „Westens“. Eine der Paradoxien der Anthropologie besteht darin, dass sie zwar viel über Leben und Zeitläufte nichtwestlicher Völker, über die westlichen Völker jedoch so gut wie nichts zu sagen weiß. Zumeist wird der Westen als Kontrastprogramm ins Feld geführt, vor dem als Hintergrund sich die besonderen Erfahrungen von Völkern abheben, die irgendwo, irgendwann leben. Das ist „die Außenwelt“, „die umfassendere Gesellschaft“ oder einfach „die Mehrheit“. Selbst die Bewohner von nominell westlichen Ländern wie Britannien oder den USA erscheinen durch die anthropologische Linse als durch und durch nichtwestlich. Der Mensch des Westens, stellt sich heraus, fällt stets durch Abwesenheit auf. Denn in Wahrheit hat er nie existiert. Den lautstarken Beteuerungen zum Trotz, mit denen Philosophen und Staatsmänner gleichermaßen sich auf die universalen Werte der Moderne berufen, besteht keine praktikable Möglichkeit, danach zu leben. Kosmopolitisch, rational und von kompromisslosem Eigeninteresse, zu niemandem gehörig und nirgendwo hingehörend, ist der moderne Mensch des Westens ein Produkt unserer Einbildung. Oder wie der Philosoph Bruno Latour es im Titel eines berühmten Buches formuliert: „Wir sind nie modern gewesen“.[9] Wer sind dann die „Wir“ seines Titels?

Wir können keine Vertreter des Westens sein, wenn ein solcher Menschentypus gar nicht existiert. Wir können aber auch keine Nicht-Westler sein, wenn es niemanden gibt, zu dem wir im

Gegensatz stehen. Vielleicht sagen Sie, wir seien Menschen, aber das würde uns bloß den Nichtmenschen gegenüber gattungsmäßig gleichmachen. Aber ein von Beziehungen ausgehendes Verständnis von Identität eröffnet eine radikal *nicht-oppositionelle* Erkenntnis davon, was „wir" bedeuten könnte – eine Erkenntnis, die uns letztendlich gestatten würde, der sich selbst erneuernden Polarisierung zwischen dem Westen und dem Rest und in der Tat auch zwischen Menschsein und Natur zu entrinnen. Ein so verstandenes „Wir" würde dann nicht vor einer Grenzziehung zwischen allen, die mir ähnlich sind, und allen, die mir nicht ähnlich sind, in den eigenen Bereich zurückweichen, es reichte uneingeschränkt von dem Ort meiner aktuellen Positionierung in die Landschaft der Beziehungen hinein. Es ist weder inklusiv noch exklusiv, sondern es *breitet sich aus*. Es ist eine Suche nach einer gemeinsamen Grundlage, nicht die Verteidigung eines existierenden Erbes. „Wir" zeigen uns vor anderen ungeschützt, anstatt uns gegen einen Kontakt mit ihnen zu immunisieren. Dieses „Wir" ist eine Gemeinschaft von Beziehungen, verbunden, aber nicht beschränkt durch Verschiedenheit. Hier gehen Verschiedenheit und Ähnlichkeit, Anderswerden und Zusammenkommen, Hand in Hand. Und wenn wir letzten Endes *eine* Welt bewohnen, dann deshalb, weil auch diese Welt weder die natürliche Domäne einer globalen Menschheit noch Kulisse für Universalien ist, sondern ein Feld unendlicher, fortwährend neu auftretender historischer Veränderung. Es sind die Bewohner dieser Welt, wo sie auch herkommen mögen, an die ich die Frage richte, mit der ich dieses Buch begonnen habe: „Wie sollen wir leben?" Denn sie sind wir, das „Wir" der Anthropologie.

3 EINE GESPALTENE DISZIPLIN

Ich sollte Naturwissenschaftler werden. Aber als ich 1966 mit meinem Universitätsstudium begann, dämmerte es mir langsam, dass mit der Naturwissenschaft etwas schrecklich verkehrt war. Vordergründig Prinzipien der Offenheit und dem Fortschritt der Erkenntnis zum Wohl der gesamten Menschheit verpflichtet, war die Naturwissenschaft – zumindest in der Art, wie sie uns gelehrt wurde – verkümmert, in einer geistigen Klaustrophobie befangen und hatte sich der reglementierten und kleinkarierten Verfolgung von Zielen verschrieben, die von jeglicher Lebenserfahrung weit entfernt waren. Damals war der Vietnamkrieg auf seinem Höhepunkt, und viele meiner Kommilitonen und Kommilitoninnen waren von der offensichtlichen Zurücknahme demokratischer Prinzipien und der Kapitulation vor der Megamaschinerie industrieller und militärischer Macht empört. Auch ich war erzürnt über die augenfällige Weigerung naturwissenschaftlicher Institute, Verantwortung dafür auf sich zu nehmen, wie ihre Forschungen verwendet wurden: Für sie war es immer eine Angelegenheit, die andere anging, seien es Politiker, Militärs oder Industriebosse. Was mich am meisten beunruhigte, war die schiere Überheblichkeit, von der das naturwissenschaftliche Establishment durchdrungen war. Es gab kein Problem, wofür Naturwissenschaftler keine technologische Lösung zu entwickeln wussten. Was die Leiden derjenigen anging, die den chemischen, krebsverursachenden und radioaktiven Auswirkungen des wissenschaftlichen Fortschritts am unmittelbarsten ausgesetzt waren, so war die Antwort ausnahmslos, dass auf die Naturwissenschaften Verlass sei: Sie würden die Heilmittel schon finden. Damals war die globale Erwärmung noch kaum ein Thema, aber die Haltung arroganter Selbstsicherheit ist bei Propheten des Geo-Engineering bestehen geblieben, sind sie doch davon überzeugt, dass die ganze Erde zum Nutzen der Menschheit repariert werden kann. Sie sind die Vorboten eines neuen Zeitalters totaler planetarischer Kontrolle.

Am anderen Ende des Spektrums standen Professoren in verschiedenen Disziplinen der Humanwissenschaften. Sie schienen in meinen ungeduldigen Studentenaugen von erstaunlicher Selbstgefälligkeit befallen zu sein. Die Köpfe in Bibliotheken und Archiven vergraben, versunken in den Esoterika langvergangener Welten, schienen auch sie schlecht vorbereitet zu sein, auf die Dringlichkeit aktueller menschlicher Verhältnisse angemessen zu reagieren. Es hatte den Anschein, dass für sie alles, was den realen heutigen Lebenserfahrungen zu nahe kam, ein heißes Eisen war. Diese Geistes- und die Naturwissenschaftler hielten hartnäckig auf gegenseitige Distanz, so dass kaum ein Wort zwischen ihnen gewechselt wurde. Als ich darüber nachdachte, kam ich zu der Überzeugung, dass die Kluft zwischen den Natur- und den Humanwissenschaften, die immer breiter zu werden schien, die große Tragödie der westlichen Geistesgeschichte war. Wie bei allen Tragödien hatte sich die Kluft mit einer gewissen Zwangsläufigkeit aufgetan, was vor allem durch die Entfernung des Menschen aus der Natur garantiert wurde und indem man Formen des Weltverstehens von Formen des In-der-Welt-Seins löste, ein Kennzeichen westlicher Geistestradition seit klassischen Zeiten. Wie wir gesehen haben, wurzelt dieses Konzept gerade in unserer Auffassung vom Menschsein. Wenngleich nur ein vages Gefühl, als ich mein Universitätsstudium begann, war es die ungute Vorahnung, dies könne nur mit der Selbstzerstörung der Menschheit enden, die mich letztlich zur Anthropologie zog. Dieses Fach, so glaubte ich, existierte nur, um die beiden Seiten wieder zusammenzubringen, um den Menschen wieder mit dem Menschsein zu vereinen, aber auf eine Weise, die zu keiner Zeit die lebendige Erfahrung aus den Augen verlor.

So geschah es, dass ich nach einem frustrierenden Jahr naturwissenschaftlichen Studiums an der Universität zur Anthropologie wechselte. Seither habe ich nie mehr zurückgeblickt. Ich habe jedoch mit wachsender Sorge von einer Seite auf die andere geblickt, nur um feststellen zu müssen, dass das Fach von eben jenen Spaltungen betroffen war, die es, wie ich angenommen hatte, überwinden sollte. Es gibt Wissenschaftler, die sich als Sozial- oder Kulturanthropologen bezeichnen, oder, ebenso oft, als Ethnografen. Und es gibt Wissenschaftler, die sich als physische oder biologische Anthropologen bezeichnen, oder, ebenso oft, als Studierende der menschlichen Evolution. Erstere sind mit anderen Bereichen der Humanwissenschaften vertraut, von der Philosophie und den Literaturwissenschaften zur Geschichte und vergleichenden Religionswissenschaft. Letztere halten Hof mit Evolutionspsychologen, Neurowissenschaftlern, Verhaltensökologen und Paläontologen. Selten jedoch sprechen sie miteinander, und falls sie es tun, dann nur, um ihre tiefe gegenseitige Apathie wiederzuentdecken. Um das Bild noch komplizierter zu machen, sind in den letzten Jahrzehnten alle möglichen weiteren anthropologischen Richtungen aufgetaucht, jede mit ihren eigenen Interessen, Arbeitsweisen und

Publikationskanälen. Es gibt – in keiner bestimmten Reihenfolge – Medizinische Anthropologen, Visuelle Anthropologen, Umweltanthropologen, Kognitive Anthropologen, Entwicklungsanthropologen, Designanthropologen, Stadtanthropologen, Historische Anthropologen, Forensische Anthropologen, Cyberanthropologen. Wissenschaftler, die sich als Anthropologen verstehen, arbeiten auch in Bereichen, die ohne „Anthropologie" im Titel auskommen: Studien zur materiellen Kultur, Museums-, Wissenschafts- und Technologiestudien. Für den Anfänger kann diese Vielfalt verwirrend sein. Hat es das Fach zu guter Letzt in so viele schlecht passende Bruchstücke zerrissen, dass es wie Humpty-Dumpty* nie mehr zusammengesetzt werden kann? Ist irgendwas hinter all diesen anthropologischen Richtungen, das sie zusammenhält?

Ich könnte kein Buch über die Anthropologie und warum sie wichtig ist schreiben, wäre ich nicht der Überzeugung, dass es zumindest etwas geben mochte, das aus diesen losen Fäden ein Seil flechten würde. Aber um herauszukriegen, was es sein könnte, müssen wir erst einen Schritt zurückmachen, uns dem anthropologischen Diskurs in seinen Anfängen hinzugesellen und seinen Höhen und Tiefen folgen. Dies wird meine Aufgabe in diesem Kapitel sein. Es ist wichtig zu verstehen, warum die Anthropologie so begann, wie sie es tat, mit dem gebietenden Ehrgeiz, eine einheitliche „Wissenschaft vom Menschen" zu schmieden, und warum sie am Ende scheiterte. Um eine zukünftige Anthropologie aufzubauen, müssen wir die Lektionen der Vergangenheit lernen. Diese sind nicht immer positiv. Die meisten gelehrten Fächer sind stolz auf ihre Vergangenheit: Gerne feiern sie ihre glanzvollen Ahnherren, Männer mit Visionen, die die Grundlagen für eine großartige Zukunft schufen. Ihr toupiertes und bärtiges Erscheinungsbild

* Aus englischen Kinderreimen bekannte Figur, von Lewis Carroll (1871) in *Through the Looking Glass (Alice hinter den Spiegeln)* verwendet (*Anm. d. Übs.*).

ziert die Seiten von Lehrbüchern. Aber die Anthropologie hat nicht so viel Glück. Unsere Ahnen waren ein gemischter Haufen, darunter eine ordentliche Anzahl von Visionären, Exzentrikern, Rassisten und Frömmlern. Unsere Schränke sind buchstäblich voller Skelette,* von allem Möglichen wie Schrumpfköpfen und rituellem Zubehör – bei Völkern rings um die Welt gestohlen, um unsere Museen zu füllen – gar nicht zu reden. Wir sind nicht stolz auf die Bande von Schädelvermessern, Schatzjägern und Kulturdieben, die die Seiten einer Fachgeschichte füllen, die eher einer Reihe von Fehlstarts gleicht als einem gelungenen Rennen. So wie Anthropologie in der Öffentlichkeit verstanden wird, sucht uns immer noch eine Vergangenheit heim, die die meisten von uns liebend gern vergessen würden.

Wie viele der Disziplinen im modernen akademischen Pantheon ist auch die Anthropologie ein Kind des Aufklärungszeitalters. Es wuchs heran in jenem geistigen Gärungsprozess, der mit der Ablehnung religiöser Dogmen und des politischen Despotismus durch liberale Philosophen und Intellektuelle des 17. und 18. Jahrhunderts einherging. Sie waren die Hauptakteure jener Bewegung, die in der europäischen Geistesgeschichte als Aufklärung bekannt wurde. Den Idealen rationaler Untersuchung, spiritueller Toleranz und individueller Freiheit verpflichtet, sahen es die Denker der Aufklärung als ihre große zivilisatorische Mission an, die Menschheit von Aberglauben und Dogmatismus zu befreien. Das war eine noble Aufgabe, aber mit einer Kehrseite. Denn die Meistererzählung der Zivilisation musste irgendwo ihren Anfang nehmen. Sie musste also Vermutungen über ursprüngliche Verhältnisse anstellen, von denen der Aufstieg der Menschheit ausgehen konnte. Um auf die Stufe der Zivilisation zu gelangen,

* Bezieht sich auf das englische Idiom: *to have a skeleton in the cupboard*, das sinngemäß dem deutschen „eine Leiche im Keller haben" entspricht (*Anm. d. Übs.*)

müssen die Menschen einst primitiv gewesen sein. Dies führte zu ausgiebigen Spekulationen darüber, wie das Leben in diesem ursprünglichen Naturzustand ausgesehen haben mochte. „Ekelhaft, tierisch und kurz" war die berühmte Schlussfolgerung von Thomas Hobbes, dem Wegbereiter der englischen Aufklärung. Sein Landsmann, John Locke, fragte sich, an welchem Punkt von einem Menschen, der sich aus der Natur ernährt, gesagt werden könne, er habe, anders als die wilden Tiere, „ein Eigentum" an dem „angetreten", das er an sich nehme. Auf der anderen Seite des Ärmelkanals in Frankreich pries Jean-Jacques Rousseau Gleichheit und Selbstachtung (amour propre) des Naturmenschen oder Wilden, während in Schottland Adam Ferguson darüber nachdachte, was es bedeutete, die autonome Freiheit des Wilden zugunsten der bürgerlichen Freiheit, derer sich der Vernunftmensch erfreute, aufgegeben zu haben.

Zumeist waren diese Spekulationen nicht an Beweise gekoppelt. Der Wilde war eine Erfindung gelehrter europäischer Geister, in unterschiedlichem Maße mit Leben erfüllt durch die oft reißerischen Erzählungen von Reisenden über das Leben der Eingeborenen auf dem amerikanischen Doppelkontinent und in den kolonialen Territorien, die damals in Afrika, Ostindien und Australien errichtet wurden. Zu der Zeit war der volle Umfang menschlicher Variationsbreite noch nicht bekannt, und es entbrannte eine Debatte darüber, ob die Bewohner einiger dieser Länder überhaupt echte Menschen waren. Es war der große schwedische Naturforscher Carl von Linné, der den folgenreichen Schritt tat – der von vielen seiner Zeitgenossen für ungeheuerlich gehalten wurde – und den Menschen unter dem Gattungsnamen Homo in die Ordnung der Primaten einreihte, im Rahmen eines Klassifikationsschemas, das das gesamte Tierreich umfasste. Aber es gab wenig Übereinkunft, was die Erkennungsmerkmale dieser Gattung sein mochten. So wurden zum Beispiel Nachrichten von anthropomor-

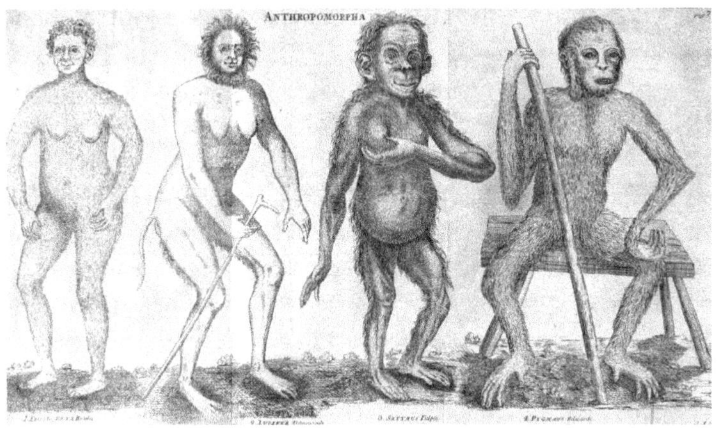

ABBILDUNG 3 „Anthropomorpha", aus Christian Emmanuel Hoppius, *Amoenitates academicae* (1763). Lucifer ist die zweite Figur von links.

phen Geschöpfen mit Schwänzen verbreitet. Konnten sie menschlich sein? Der exzentrische schottische Richter James Burnett alias Lord Monboddo bejahte dies. Im ersten von sechs Bänden, die er 1773 unter dem Titel *Of the Origin and Progress of Language* veröffentlichte, kommentierte Monboddo eine Gravierung, die er in einer Abhandlung Linnés gesehen hatte: eine Abbildung von Menschentypen (siehe Abbildung 3). Eine mit Namen Lucifer trug einen Schwanz. Monboddo freute sich, Lucifer als menschliches Wesen akzeptieren zu können. Seine Leser, deren Ungläubigkeit er voraussah, warnte er, sich nicht ihren gewohnten Vorstellungen, wie ein Mensch auszusehen habe, verpflichtet zu fühlen. Bloß weil sie nie Menschen mit Schwanz begegnet waren, bedeutete nicht, dass solche Kreaturen nicht existieren konnten.

Monboddo irrte sich: Anatomisch gesehen, haben Menschen keine Schwänze. Es stellte sich heraus, dass Lucifer aus einem

Werk des Naturkundlers Ulisse Aldrovandi aus dem 16. Jahrhundert kopiert worden war, und der Zeichner – ein Schüler Linnés namens Hoppius – meinte, es handle sich um die Abbildung eines Angehörigen eines sagenhaften Stammes von katzenschwänzigen Kannibalen. Aber vielleicht irrte sich Monboddo aus den richtigen Gründen. Was Linné anging, so hatte er den Schluss gezogen, man könne Menschen nur auseinanderhalten, indem man sie befragte. Menschenaffen und Menschen mögen sich ähneln – beide sind schwanzlos –, aber nur Menschen können sich als das sehen, was sie sind. Und dies deshalb, glaubte Linné, weil sie von ihrem Schöpfer nicht nur mit einem funktionierenden Körper ausgestattet, sondern auch mit der Gabe des Intellekts oder der Vernunft beschenkt worden sind: das heißt, mit einem Verstand. Unter den Affen gibt es keine Philosophen. Und doch blieb die Frage offen: Konnte dieser Verstand verbessert werden, konnten seine Besitzer aus dem Stadium der Wildheit in das der Zivilisation erhöht werden, wobei sich die äußeren anatomischen Formen gleich blieben? Waren Verstand und Körper vorab so geplant, dass sie die Last des Lernens zu tragen vermochten? War der geistige Fortschritt sogar in der Lage, Verbesserungen im Körperbau herbeizuführen? Einer, der dies glaubte, war Robert Fitzroy, der Kapitän der *HMS Beagle*. Einmal, als sein Schiff vor der Insel Feuerland an der Südspitze Südamerikas vor Anker lag, wagte sich eine Gruppe von vier Eingeborenen an Bord. Fitzroy entschloss sich an Ort und Stelle, sie mit nach England zu nehmen, wo sie in den Umgangsformen des Landes unterrichtet werden sollten. Nach einigen Jahren würde er sie in ihre Heimat zurückbringen, damit sie die Kunde davon, was ihnen widerfahren war, verbreiteten.

Auf der Rückreise, die erneut unter Fitzroys Kommando stand, war der junge Charles Darwin an Bord der *Beagle*. Darwin gewann einen vorteilhaften Eindruck von seinen feuerländischen Reisegefährten, deren Geisteskräfte, wie es ihm schien, nicht wesentlich geringer waren als seine eigenen. Sie waren gutgekleidet, hatten gute Manieren und waren freundlich. Aber als die *Beagle* im Dezember 1832 wieder in Feuerland ankam, musste sich Darwin auf einen Schock gefasst machen. So verwahrlost waren die Eingeborenen, denen er dort begegnete (dies seine Anmerkung), dass er kaum glauben konnte, dass es sich um menschliche Wesen wie ihn selbst handelte. Seiner Einschätzung nach war er nie zuvor Geschöpfen über den Weg gelaufen, die in einem erbärmlicheren Zustand waren. Der Bericht in seinem Reisetagebuch wimmelt von Wörtern wie „verkümmert", „abscheulich", „dreckig", „schmierig" und „gewalttätig". In sprachlicher Hinsicht gab es nur Grunz- und Klicklaute zu hören; moralisches Empfinden oder Anstand fehlten gänzlich. Darwin hat die Erfahrung dieser Begegnung nicht mehr vergessen. Vier Jahrzehnte später, beim Schreiben von Die Abstammung des Menschen [The Descent of Man], erinnerte er sich nach wie vor an jenen Augenblick, als ihm, während sein Blick an der feuerländischen Küste zum ersten Mal auf eine Gruppe von Eingeborenen fiel, ganz plötzlich der Gedanke gekommen war: Waren unsere Vorfahren ihnen ähnlich? Stammten wir nicht eher von geschwänzten Affen oder Pavianen ab? Sicherlich, so grübelte er, repräsentierten diese kläglichen Seelen den Menschen in seinem weltweit primitivsten Zustand. Doch bediente er sich eben dieser Minderwertigkeit, um seinem Argument Stärke zu verleihen, wonach die Lücke zwischen dem Menschen und den unter ihm stehenden Tieren so schmal sei, dass sie ohne Weiteres überbrückt werden könne, mehr noch, dass sie sich im Prinzip nicht von der unterscheide, die den Wilden vom zivilisierten Menschen trenne.

Die Abstammung des Menschen wurde 1871 veröffentlicht. Darin suchte Darwin Prinzipien auf die Menschheit auszuweiten, die er schon in seinem früheren Werk, Die Entstehung der Arten [On the Origin of Species] dargelegt hatte. Der Versuch war nicht widerspruchsfrei. Wo es im *Ursprung* allenthalben darum ging, wie organische Körper verschiedener Arten sich an ihre variablen Lebensbedingungen anpassten, ohne dass ein notwendiger Fortschritt von niederen zu höheren Arten vorausgesetzt wurde, handelte die *Abstammung* in erster Linie vom Fortschritt des Geistes, ohne Berücksichtigung spezifischer Umweltbedingungen, von seinen elementarsten Manifestationen in den niederen Tieren bis hin zu den Höhepunkten der menschlichen Zivilisation. Darwin war davon überzeugt, dass Kräfte der Intelligenz, die wir in uns selbst erkennen, nicht auf die Menschen beschränkt waren, sondern die ganze Skala an Tierarten durchliefen. Selbst der einfache Regenwurm, so dachte er, besitze eine rudimentäre Intelligenz. Indem er die Lücke zwischen Menschen und Tieren schloss, stufte Darwin die Menschen demnach weniger zurück, als er die Tiere höher stufte. Genau genommen war Thomas Henry Huxley – Zoologe, Paläontologe und unerschütterlicher Darwinist – in diesem Punkt Darwin, was die Erstveröffentlichung anging, sogar voraus. In einem 1863 veröffentlichten Aufsatz über den „Platz des Menschen in der Natur" erklärte Huxley nicht nur, dass uns keine absolute Trennungslinie von anderen Tieren trennt, sondern auch, dass, was für physische Merkmale gilt, gleichermaßen für geistige gilt – tatsächlich „beginnen", wie er es ausdrückte, „die höchsten emotionalen und geistigen Fähigkeiten in niederen Lebensformen zu keimen".[1] In Huxleys anschaulicher Metapher ist die Zivilisation so gewiss tierischen Anfängen entsprungen, wie die Alpengipfel sich aus dem Morast der Urmeere erhoben haben.

Welche Kraft vermag die Zivilisation aus dem Schlamm der Bestialität heraufzutreiben? Für Darwin wie für Huxley stand die Antwort fest. Es war selbstverständlich die natürliche Auslese. In dem ununterbrochenen Daseinskampf, wie Darwin sich auszudrücken pflegte, würden die Intelligenteren sich immer als siegreich erweisen und die Konkurrenten von schwächerem Verstand verdrängen. Mit der Zeit, quer durch die Generationen, würden die intelligenzsteigernden Variationen tendenziell vermehrt erhalten bleiben, so dass sich ein allgemeiner Fortschritt einstellte. Kritisch betrachtet konnte diese Argumentation jedoch nur unter einer Bedingung erfolgreich sein, nämlich dann, wenn die fraglichen Variationen erblich und damit angeboren waren. Als diese Vorbedingung in das Denken der Zeit Eingang fand, hatte das nicht zu überschätzende Auswirkungen. Die 1860er und 1870er Jahre hatten eine Flut von gelehrten Veröffentlichungen erlebt, die den menschlichen Fortschritt auf den Gebieten von Recht und Brauchtum, Heirat und Familie, Wirtschaftsleben, Religion und Glauben durch eine festgelegte Abfolge von Entwicklungsstadien zu erfassen suchten. Dazu gehörten solche Klassiker wie Henry Maines Das alte Recht [Ancient Law], Lewis Henry Morgans Die Urgesellschaft [Ancient Society], John Ferguson McLennans Primitive Marriage, Johann Jakob Bachofens Das Mutterrecht und Edward Burnett Tylors Die Anfänge der Cultur [Primitive Culture]. Allesamt jedoch gründeten auf der Lehre – die dem deutschen Universalgelehrten Adolf Bastian zugeschrieben wurde – von der „psychischen Einheit des Menschengeschlechts". Dieser Doktrin zufolge sind die Menschen gleichermaßen und universell mit Geisteskraft ausgestattet und unterscheiden sich von Volk zu Volk nur nach dem Ausmaß ihrer Kultivierung. Es hatte den Anschein, als ob sogenannte „wilde", „barbarische" und „zivilisierte" Völker aufeinanderfolgende Stadien der Weiterentwicklung durch ein der Menschheit gemeinsames Kerncurriculum repräsentierten – mit einer Anfangs-, einer Zwischen- und einer fortgeschrittenen Phase.

Aber gemeinsam brachten Darwin und Huxley es fertig, eine Lunte zu legen, die das gesamte, sorgfältig konstruierte Gebäude in die Luft zu sprengen drohte. Denn sie öffnete die Tür für all jene, die meinten, dass sich der menschliche Fortschritt generell am besten dann sicherstellen ließe, wenn man der Natur zur Hand ginge, indem man den Hingang derjenigen beschleunigte, deren geistige Begabung als minderwertig betrachtet wurde: der Armen, Notleidenden, der Menschen, die nicht-weißen Rassen angehörten. Später würde diese Ansicht – vor allem bei ihren Gegnern – als „Sozialdarwinismus“ bekannt werden. Darwins eigener Vetter, Francis Galton, wirkte entscheidend an der Etablierung der eugenischen Bewegung mit, die sich der künstlich herbeizuführenden Verbesserung des Menschen durch kontrollierte Zuchtwahl verschrieben hatte. Es muss Darwin jedoch zugute gehalten werden, dass er selbst zu keiner Zeit etwas so Drastisches vorschlug. Er war kein Darwinist. Dennoch war er der festen Ansicht, Bemühungen, dauerhafte Fortschritte mittels Erziehung zu gewährleisten – wie Kapitän Fitzroys fehlgeschlagenes Abenteuer mit den Feuerländern –, seien zum Scheitern verurteilt. Im großen Drama des Aufstiegs der Zivilisation durch den Kampf ums Dasein, dargelegt auf den Seiten der *Abstammung des Menschen*, war es den Wilden nicht zugedacht, siegreich in Erscheinung zu treten, sondern die Rolle der Besiegten zu spielen. Darwins vielen Lesern lieferte das Buch eine praktische, offensichtlich durch wissenschaftliche Kompetenz abgesicherte Erzählung, die zudem den Anspruch der Menschen europäischer Abstammung auf den Besitz der Erde rechtfertigte und die Spekulationsgeschäfte der Kolonisation und Völkermord legitimierte, denen Bevölkerungen außerhalb Europas ausgesetzt waren. Letzten Endes sollte sich diese Erzählung auf ein einziges Wort verdichten, eines der aufwiegelndsten in der jüngeren Ideengeschichte. Das Wort war „Evolution“.

In dieser Explosion wurde das Fach Anthropologie wiedergeboren. Vom Ende des 19. Jahrhunderts an und danach war die Anthropologie für ihr Publikum in erster Linie von Bedeutung, weil sie eine einheitliche Darstellung der Evolution des Menschen versprach. Das Voranschreiten dieser Evolution wurde an drei Fronten nachvollzogen: im Bereich der Anatomie, der Artefakte und der Institutionen. Jedem davon sollte ein eigener anthropologischer Studienzweig entsprechen. Die Physischen Anthropologen studierten die Entwicklung der menschlichen Anatomie, vor allem den Schädel, wo das Gehirn saß und die menschliche Intelligenz. Archäologen studierten die Entwicklung der Gerätschaften und Werkzeuge, von Gebäuden und anderen Artefakten. Und Sozial- oder Kulturanthropologen studierten die Entwicklung von Institutionen, Sitten und Glaubensvorstellungen. Hierin lag der Ursprung dessen, was oft der „Drei-Felder"-Ansatz der Anthropologie genannt wird, bewahrt zum Beispiel in den Statuten einer ihrer ehrwürdigsten Körperschaften, des Royal Anthropological Institute of Great Britain and Ireland, das in jenem schicksalhaften Jahr 1871 gegründet wurde, das auch die Veröffentlichung von *Die Abstammung des Menschen* erlebte. Dahinter stand die Idee, dass anatomische Typen, Sammlungen von Artefakten und Institutionsformen auf lange Sicht in eine übergreifende typologische Sequenz – vom Primitivsten zum Fortschrittlichsten – eingefügt werden könnten. Viele der führenden anthropologischen Museen wurden in der gleichen Zeit zum Zweck der öffentlichen Demonstration solcher Sequenzen eingerichtet. Hier wurden Materialien von Völkern und Fundstätten aus aller Welt zusammengetragen und ihrem jeweiligen Kulturniveau entsprechend angesammelt. Aber dies bedeutete auch, dass die Objekte der jeweiligen Völker und Orte jeweils auf separate typologische Abteilungen verteilt waren. Vor den Augen der Besucher, die die Galerie abschritten, entfaltete sich so das ganze Spektrum der menschlichen Evolution in all ihren Facetten.

Ein enthusiastischer Verfechter des Drei-Felder-Ansatzes war Robert Reid, Professor für Anatomie an der Universität Aberdeen in Nordost-Schottland und Gründungsdirektor des anthropologischen Museums der Universität. Reid vermaß und klassifizierte zwanghaft jede Person, die er finden konnte – im Namen einer Anthropologie, die als „Wissenschaft vom Menschen" konzipiert war. Er untersuchte das Verhältnis zwischen Schädelgröße und Intelligenz und veröffentlichte seine Ergebnisse in der Zeitschrift des Royal Anthropological Institute. Und er bildete seine Schüler so aus, dass sie in die Welt hinausgehen und Daten über die Charakteristika der „weißen oder kaukasischen, der gelben und roten mongolischen, der australischen und der kraushaarigen oder schwarzen Rasse"[2] sammeln konnten. Reids vielfarbige Litanei von Rassetypen war jedoch nichts verglichen mit den Äußerungen eines weitaus einflussreicheren Aberdeeners, der auch als Anatom begann, aber einen Großteil seiner Karriere der Anthropologie widmete. Sir Arthur Keith, Ritter des Königreichs, einstiger Präsident des Royal Anthropological Institute und späterer Rektor der Universität Aberdeen, gehörte zu den arriviertesten wissenschaftlichen Persönlichkeiten seiner Zeit. In seiner Rektoratsrede von 1931 strafte Keith die Vorstellung mit Verachtung, dass die Völker der Welt jemals brüderlich vereint sein könnten. Vorurteile und Fremdenhass, so seine Argumentation, wirkten zum Wohl der Menschheit. Loyalität dem eigenen Volk gegenüber und Hass auf andere machten den eigentlichen Antrieb des evolutionären Fortschritts aus. Eine Vermischung des Blutes auf der Grundlage verschiedener Hautfarben – weiß, gelb, braun und schwarz – sei unbedingt zu vermeiden, hingegen eine Trennung derselben dringend geboten; man solle es der Natur überlassen, dafür zu sorgen, dass nur die hellsten Farben bewahrt blieben. Der Krieg der Rassen, erklärte Keith, ist das Veredelungsmesser der Natur.[3]

Diese Form rassischen Denkens war in der Anthropologie der Zwischenkriegszeit durchaus lebendig. Es brauchte einen zweiten Krieg, seinerseits von Fremdenhass angeheizt, der zwischen den vermeintlich zivilisierten Völkern Europas binnen eines Jahrhunderts ausbrach, um sich davon zu verabschieden. Was eine Grundannahme des wissenschaftlichen Evolutionismus seit Darwin und Huxley gewesen war – dass menschliche Bevölkerungen sich auf einer Skala von primitiv bis zivilisiert in ihrem Denkvermögen unterscheiden –, konnte im Gefolge des Holocausts so nicht mehr vertreten werden. An ihre Stelle trat als feste ethische Verpflichtung das Prinzip, wonach *alle* Menschen, ob sie in der Vergangenheit, Gegenwart oder Zukunft lebten, die gleichen moralischen und intellektuellen Fähigkeiten besäßen. „Alle Menschen", wie es in Artikel 1 der Allgemeinen Erklärung der Menschenrechte heißt, „sind mit Vernunft und Gewissen begabt." Um diese Einheit zu unterstreichen, klassifizierten Wissenschaftler die heute lebenden Menschen als Angehörige nicht nur der gleichen Art, sondern sogar der gleichen Unterart und bezeichneten sie als Homo sapiens sapiens. Doppelt weise: Die erste Zuschreibung von Weisheit – das Ergebnis von wachsender Größe und Komplexität des Gehirns – grenzt den Menschen in der Welt der Lebenden ab. Aber die zweite Zuschreibung, weit entfernt, eine zusätzliche Untergliederung zu markieren, hält die entscheidende Loslösung von dieser Welt fest. Mit einer solchen in der Geschichte des Lebens beispiellosen Trennung soll die Menschheit auf den Weg der Zivilisation gebracht worden sein. Fortan fanden sich unsere Vorfahren auf beiden Seiten des Zauns: in der Natur und außerhalb von ihr. Und mit dieser Besetzung aus Hybridwesen bevölkerte die evolutionistische Anthropologie des späteren 20. Jahrhunderts den Planeten.

Was denn blieb vom Drei-Felder-Ansatz übrig? Viele heutige Anthropologen würden darauf antworten: nichts, und dass die fortgesetzte Koexistenz der drei anthropologischen Abteilungen unter einem Dach an einer Handvoll von Universitäten ein anachronistisches Überbleibsel aus der fragwürdigen Vergangenheit des Faches sei. Eine dieser Institutionen war die Universität Cambridge, weshalb ich mich in meinem ersten Studienjahr in Anthropologie in der Situation wiederfand, dass ich Physische Anthropologie, Archäologie und Sozialanthropologie belegte. Ich erinnere mich an Kurse in der Physischen Anthropologie, in denen ich lernte, Menschentypen anhand von Nacktfotos von Männern und Frauen aus der ganzen Welt zu identifizieren und an Abgüssen fossiler Schädel deren Größe zu messen. In der Archäologie lernten wir, wie man steinerne Artefakte erkennt und sie nach Kategorien einteilt, die für aufeinanderfolgende vorgeschichtliche Stadien bezeichnend waren. Aber die Sozialanthropologie war ganz anders. Sie war, so sagte man uns, in erster Linie eine Sozialwissenschaft, und unsere Bibel war ein schmaler Band mit dem Titel *Structure and Function in Primitive Society*, von dem selbsternannten Begründer der Teildisziplin in ihrer modernen Gestalt, Alfred Reginald Radcliffe-Brown. Darin erfuhren wir, dass die Sozialanthropologie ein Zweig der vergleichenden Soziologie war und sich speziell mit primitiven Gesellschaften befasste.[4] Nachdem ich mein Grundlagenjahr abgeschlossen hatte, musste ich mich für mein weiteres Studium zwischen Physischer Anthropologie, Archäologie und Sozialanthropologie entscheiden und wählte die Sozialanthropologie. Zwar hatte ich beim Studium der beiden anderen Teildisziplinen viel gelernt, aber es war bereits offenkundig, dass mit ihnen etwas nicht stimmte: dass die Physische Anthropologie und in etwas geringerem Maße die Archäologie nach wie vor einem evolutionistischen Ansatz anhingen, den die Sozialanthropologie eindeutig abgelehnt hatte.

Die Spaltung geht auf die Zwischenkriegsjahre zurück und hatte viel mit den Methoden zu tun, mit denen Anthropologen verschiedener Überzeugungen ihr Beweismaterial gewannen. Sowohl für die Physische Anthropologie als auch für die Archäologie liegen die meisten Beweise unter der Erde, in Form versteinerter

Überreste, antiker Bauten und lithischer Ablagerungen. Sie können nur durch Ausgrabungen ans Licht gebracht werden. Aber man kann nicht die ganze Welt ausgraben, und viel hängt von Mutmaßungen, Zufall und bloßem Glück ab. Sozialanthropologen standen jedoch einem Problem gegenüber, das schwerer zu bewältigen war als der Mangel an Beweismaterial. Einfach gesagt bleiben Sitten und Institutionen nicht bestehen wie Steine und Knochen, und man kann sie nicht ausgraben. Wie dann lässt sich ihre Entwicklung gegebenenfalls nachweisen? Mit diesem Problem konfrontiert, lag die einzige Lösung in der Vermutung, alle soziale Entwicklung durchlaufe die gleichen Stadien. Folgte man dieser Annahme, konnte man in den Lebensweisen der als „primitiv“ erachteten Völker Fenster sehen, die generell einen Blick auf die früheren sozialen Verhältnisse der Menschheit offerierten. Es war, als ob das Reisen durch den Raum in ferne Winkel der Welt – die Urwälder Afrikas, die Wüsten Australiens, die arktische Tundra – auch ein Reisen zurück in der Zeit war, in eine ferne Epoche in der sozialen Entwicklung der Menschheit. Ihre Gegenwart wird zum Modell für unsere Vergangenheit. In der Tat findet die Idee, dass sogenannte „primitive Stämme“ – oder was heute, etwas höflicher formuliert, als „indigene Völker“ bekannt sein mag – lebende Fossilien sind, übriggebliebene Relikte einer Ära, die schon vor langer Zeit von der modernen Welt überholt wurde, und die zum Verschwinden verurteilt sind, ihre Fortsetzung in der entsprechenden Repräsentation solcher Gruppen in den öffentlichen Medien.

Aber wie langlebig diese Denkweise in der populären Vorstellung auch immer sein mag, in der Sozialanthropologie ist sie schon vor langem widerlegt worden. In den 1920ern und 1930ern kam sie unter anhaltenden Beschuss durch Anthropologen, die sich für eine ganz andere Herangehensweise an soziale und kulturelle Phänomene aussprachen. Anstatt den Versuch zu machen, die Entstehung von Sitten und Institutionen und ihre weitere Entwicklung darzustellen, waren sie der Meinung, wir sollten uns zu zeigen bemühen, wie sie funktionieren. Das heißt, wir sollten zeigen, wie sie – für jene Menschen von heute, die diese Sitten und Bräuche ausüben und mit diesen Institutionen leben – tatsächlich einen Zweck erfüllen, ob sie nun die vorhandenen Bedürfnisse einzelner Menschen befriedigen oder den Fortbestand der Gesamtgesellschaft, der sie angehören, sichern. Dieser Denkansatz wurde als Funktionalismus bekannt. Die Funktionalisten hatten keine Zeit für evolutionistische Rekonstruktionen, die sie, in Ermangelung schriftlicher Dokumente, für rein konjektural ansahen. Da wir nicht wissen können, wie sich Sitten und Institutionen tatsächlich entwickelt haben, so ihre Argumentation, täten wir besser daran, das zu beachten, was für die Leute wirklich wichtig ist: nicht, woher die fraglichen Praktiken kamen, sondern ihren gegenwärtigen Zweck und Nutzen. Werkzeuge und Techniken haben beispielsweise nur dann eine Bedeutung, wenn sie im Kontext einer fortdauernden Lebensweise Verwendung finden. Was sind Werkzeuge ohne die Fertigkeiten, sie zu nutzen? Der US-amerikanische Kulturanthropologe Marshall Sahlins zitiert den Aphorismus eines nicht genannten, aber angeblich renommierten Archäologen: „Die Menschen, die sind tot."[5] Nur Artefakte bleiben zurück. Für Sahlins disqualifizierte das das archäologische Unterfangen, die Herkunftslinien der antiken Technologie zu rekonstruieren.

Mehr als alles andere führte der Aufstieg des Funktionalismus dazu, dass die Sozialanthropologie sich von ihren Schwestergebieten Physische Anthropologie und Archäologie abspaltete, die bei ihrer evolutionistischen Orientierung blieben. Es gab jedoch noch einen anderen Grund für die Abspaltung, der auf die heiß diskutierte Frage des Verhältnisses zwischen Rasse und Kultur zurückging. Jahrzehntelang war dies eine Grauzone, was es vielen gestattete, die These anzuerkennen, wonach zu jemandes Lebzeiten erworbene Merkmale als natürliche Gaben an die Nachkommenschaft weitervererbt werden konnten. Die als „Vererbung erworbener Merkmale" bekannt gewordene Lehrmeinung, oft (und fälschlich) Jean-Baptiste Lamarck – Naturkundler und Urheber des Begriffs „Biologie" – zugeschrieben, wurde erst Ende des 19. Jahrhunderts endgültig widerlegt, und es dauerte noch ein paar Jahrzehnte, bevor ihre Auswirkungen auch die Anthropologie erreichten. Sie bestanden schlichtweg darin, dass Rasse und Kultur, biologische Vererbung und das Erbe der Tradition streng voneinander zu trennen waren. Die Feststellung, dass jedes menschliche Kind, wie immer auch seine biologische Herkunft sein mochte, sich ebenso leicht jede beliebige Form kulturellen Lebens aneignen konnte, wurde Bestandteil der anthropologischen Orthodoxie. Eine Person mit chinesischen Eltern, aber schon in früher Kindheit nach Frankreich gebracht und von französischen Eltern adoptiert, würde – ihrem physischen Erscheinungsbild nach – unverkennbar chinesisch aussehen, wäre aber in ihren Handlungs- und Verhaltensweisen durch und durch französisch. Diese Erkenntnis trieb endgültig einen Keil zwischen die Physische oder Biologische Anthropologie auf der einen und die Sozial- oder Kulturanthropologie auf der anderen Seite. Man konnte die biologischen Variationen des Menschen studieren oder man studierte die kulturellen Variationen, aber dies waren eigenständige Vorhaben, die nicht das Geringste miteinander zu tun hatten.

1917 veröffentlichte Alfred Kroeber, einer der führenden US-amerikanischen Anthropologen seiner Zeit, einen einflussreichen Artikel mit dem Titel „The Superorganic".[6] Darin verdeutlichte er, welcher Voraussetzungen es für einen Vergleich zwischen Rasse und Kultur bedurfte. Seine Darlegungen hielten sich nahezu für den Rest des Jahrhunderts. Kultur, verkündete Kroeber, steht in keiner näheren Beziehung zur Vererbung als ein Text zu der Schrifttafel, auf die er geschrieben ist. Sie gehört zu einem eigenen Bereich, außerhalb des Organischen. Bezeichnenderweise jedoch lag Kroebers Hauptaugenmerk auf der Kultur und nicht auf der Gesellschaft. Damals entwickelte sich die Anthropologie in Nordamerika in einer ganz anderen Richtung als in Großbritannien. Der Unterschied lief darauf hinaus, ob sich jemand dafür interessierte, welche Art von Beziehungen die Menschen in ihrer sozialen Lebensführung miteinander pflegten, oder für die Wissens- und Glaubenstraditionen, denen sie anhingen und die sie an ihre Nachkommen weitergaben. Während die Sozialanthropologie in Großbritannien sich vorrangig mit Ersterem befasste und folglich als ein Zweig der Soziologie galt, war ihr nordamerikanisches Pendant – nämlich die Kulturanthropologie – stärker an Letzterem interessiert und galt allgemein als Ableger der in der damaligen Zeit so genannten Ethnologie. Ihre Wurzeln hatte die Ethnologie in den Ländern Mitteleuropas, wo sie um die Wende zum 20. Jahrhundert in Blüte stand – als Studium der einheimischen „Volks"-Traditionen – und damit den vielen damals aufkommenden nationalistischen Bewegungen den Rücken stärkte.* Selbst heute noch segelt in diesen Ländern die Kulturanthropologie manchmal unter der Flagge der Ethnologie, und wo sie es nicht tut, hat sie sich als Studienrichtung für ausschließlich *nicht*-europäische Völker abgrenzen müssen.

Aber in Nordamerika kamen die europäischen Immigranten in ein Land, das bereits von einem Volk mit einer ganz anderen Hautfarbe bewohnt war. Der Gelehrte, der oft als Vater der

* Dies gilt vor allem für die slavischen Länder (von Polen bis Jugoslawien) und Ungarn, nicht aber für die deutschsprachigen Länder, die zwischen „Völkerkunde" (Ethnologie) und „Volkskunde" (erst in jüngster Zeit in Europäische Ethnologie umbenannt) unterschieden. Letztere hatte sich das Studium der einheimischen Volkskultur und -tradition zur Aufgabe gemacht, die Ethnologie hingegen war, von Ausnahmen abgesehen (Sami u.a.), auf Außereuropa fokussiert (*Anm. d. Übs.*).

US-amerikanischen Kulturanthropologie gerühmt wird, Franz Boas, emigrierte 1887 selbst in die Vereinigten Staaten. In seinem Heimatland Deutschland hatte er zuvor Geografie und Physik studiert und war ursprünglich davon überzeugt gewesen, dass die rassische Verschiedenheit des Menschen nicht so sehr angeboren als umweltbedingt war. Die Erfahrung ethnologischer Forschungen bei den Inuit in der kanadischen Arktis brachte ihn dazu, Rasse durch Kultur, Vererbung durch Erbe zu ersetzen. Wenn rassische Variation sich in den Körper einschreibt, so argumentierte er, dann kulturelle Variation in den Geist. Kultur, nicht vererbt, vielmehr als Erbe empfangen, kam für Boas einem Vermächtnis an Tradition gleich, das eher passiv absorbiert als aktiv gepflegt wurde und das den Glauben und die Praktiken eines Volks prägte. Boas' zahlreiche Schriften trugen wesentlich dazu bei, in den ersten Jahrzehnten des 20. Jahrhunderts die Kulturanthropologie in Nordamerika zu etablieren, und seine viele Studenten, darunter Kroeber, wurden zu tonangebenden Vertretern der neuen Disziplin. Kroeber, selbst Sohn von deutschen Einwanderern, war mit der romantischen Tradition der deutschen Gelehrsamkeit gründlich vertraut, mit ihrer Gewichtung der Diversität der Volkssitten, der Authentizität des Gefühls und der Einheit von Mensch und Natur. In der Tat war der Einfluss der deutschen Romantik einer der Gründe, warum die US-amerikanische Kulturanthropologie ganz andere Wesenszüge annahm als ihr britisches Gegenstück, das den Ideen der französischen und schottischen Aufklärung mit ihrer Betonung von Zivilität, Rationalität und Transzendenz der Natur eng verbunden war.

Aber es gab sowohl historische als auch intellektuelle Gründe für das Auseinandergehen. Großbritannien hatte sein Empire und suchte bei der Anthropologie Orientierungshilfe für die koloniale Verwaltungspolitik, was die sozialen Institutionen der Eingeborenen anging. Im Gegensatz dazu hatten die USA ihre eigenen eingeborenen Bevölkerungsgruppen und benötigten die Anthropologie für die Dokumentation schnell verschwindender Lebensweisen. Zu der Zeit jedoch, als ich 1970 meinen Abschluss in Sozialanthropologie machte, hatte sich die akademische Landschaft grundlegend verändert. Mit dem Ende des britischen Empire hatte die Sozialanthropologie aufgehört, die Dienerin der Kolonialherrschaft zu sein, während in Nordamerika wie in der ganzen Welt indigene Völker in den Kämpfen um Selbstbestimmung ihre eigene Stimme fanden. In dieser verwandelten Landschaft erschien der Unterschied zwischen Sozial- und Kulturanthropologie zunehmend belanglos. Hier wenigstens gab es eine Annäherung. Aber in anderer Hinsicht war die Anthropologie gespaltener denn je. In Großbritannien waren die ursprünglichen drei Felder, einst unter dem Banner der Evolution vereint, ihre eigenen Wege gegangen: die Physische Anthropologie schloss sich der Evolutionsbiologie an; die Prähistorische Archäologie verband sich mit der Klassischen Archäologie zu einem eigenständigen Fach; die Sozialanthropologie tat sich mit den Sozialwissenschaften zusammen. In den USA bestand die Anthropologie nicht aus drei, sondern aus vier Feldern: Kultur, Archäologie, Biologie und Linguistik. Die Gründe für das Verschwinden des Sprachstudiums aus der britischen Anthropologie sind obskur und sollen uns nicht weiter aufhalten, aber selbst in den USA blieb die anthropologische Linguistik ein Randgebiet. Und auch hier war die Archäologie ihren eigenen Weg gegangen, während Kultur- und Biologische Anthropologen in den meisten Fällen kein Wort miteinander wechselten. Lag das Fach Anthropologie demnach in Trümmern? Vielen schien es so.

4

DAS SOZIALE NEU DENKEN

Erinnern Sie sich an Radcliffe-Brown? Heute tun das wenige, es sei denn als Fußnote, aber wenn Sie an das vorherige Kapitel zurückdenken, so war er es, der das Feld der Sozialanthropologie als einen Zweig der Soziologie lancierte, der sich durch sein Augenmerk auf primitive Gesellschaften hervortat. Heutzutage tendieren wir dazu, bei dem Wort „primitiv" zusammenzuzucken, und tun unser Bestes, um es zu vermeiden, aber nicht ohne eine gewisse Doppelzüngigkeit. Denn wann immer wir Wörter wie „komplex", „groß" oder „modern" für Gesellschaften wie die unsere benutzen, rufen wir uns den jeweils gegenteiligen Begriff in Erinnerung: Gesellschaften, die einfach, klein und traditionell sind. Und dies – weniger das Leistungsvermögen oder die Charakteristika der Menschen, die in solchen Gesellschaften lebten – verstanden Radcliffe-Brown und seine Zeitgenossen unter „primitiv". Die Sozialanthropologie wurde folglich als das vergleichende Studium der Lebensformen, wie man sie in diesen Gesellschaften vorfand, aufgefasst. Mit dem Auge eines Naturforschers verglich

Radcliffe-Brown diese Formen mit denen von Meeresmuscheln. Wenn man den Strand absucht, kann man alle möglichen Muscheln finden, die verglichen und nach Arten und Gattungen klassifiziert werden können. Doch ihre Grundformen scheinen sich in Grenzen zu halten: spiralförmig wie das Perlboot; radial wie die Napfschnecke; zweiklappig wie die Venusmuschel. Könnte das ebenso für soziale wie für organische Formen gelten? Könnte es auch nur eine begrenzte Zahl von Möglichkeiten geben, wie sich aus Institutionen eine gut funktionierende Gesellschaft ergibt? Wenn dem so ist, dann könnte eine systematische vergleichende Analyse sie offenlegen. Überdies lassen sie sich schneller erkennen, wenn man eher kleinere Gesellschaften als die von den Soziologen bevorzugten größeren Gesellschaften untersucht. Darin bestand für Radcliffe-Brown die Aufgabe der Sozialanthropologie.

Der Gedanke einer vergleichenden Untersuchung menschlicher Gesellschaften klingt plausibel, bis man innehält, um sich zu fragen, was eine Gesellschaft denn ist. Das Problem ist, dass Gesellschaften für Anthropologen nicht einfach so existieren, wie es Organismen für Biologen tun. Sie sind keine Entitäten, die man sehen oder berühren kann. Wir meinen, dass wir alle in Gesellschaften leben, ja dass wir in der Tat kaum ein menschliches Leben führen könnten, wenn dem nicht so wäre. Aber können Sie feststellen, wo Ihre Gesellschaft endet und eine andere beginnt, oder in welchem Moment sie geboren wurde? Wie sinnvoll ist es, von Institutionen zu sagen, sie funktionierten, um die Gesellschaft, von der sie ein Teil sind, am Leben zu erhalten, wie Organe den menschlichen Körper am Leben erhalten, wenn im sozialen Leben nichts auch nur für einen Augenblick gleich bleibt? So wie der griechische Philosoph Heraklit vom Wasser eines Flusses gesagt haben soll: Man kann nicht zweimal in die Strömung des sozialen Lebens eintauchen. Nichts wiederholt sich. Wann immer Sie versuchen, Gesellschaft genau zu definieren, zerfließt Ihnen das soziale Leben zwischen den Fingern. In der Natur wird aus einer Tierart keine andere – Pferde bleiben Pferde und verwandeln sich nicht in Elefanten –, aber in der Geschichte ereignen sich Transformationen dieser Art ständig. Wie Radcliffe-Brown selbst eingeräumt hat, ist die Realität, mit der wir es in der sozialanthropologischen Forschung zu tun haben, keine Entität, sondern ein Prozess. Aber wenn dem so ist, wie können dann ihre Formen miteinander verglichen werden? Das soziale Leben ist eine Sache, das Leben der Gesellschaft eine andere, und Versuche, gleichzeitig an beiden festzuhalten, ähneln der Quadratur des Kreises. Radcliffe-Brown schaffte das nie.

Tatsächlich hatte Edmund Leach, dem wir in Kapitel 2 als Autor von *A Runaway World?* begegnet sind, nichts als Verachtung für Radcliffe-Browns Ehrgeiz übrig, die objektiven Formen der Gesellschaft zu identifizieren und zu vergleichen. Dies sei, so spöttelte er, kaum besser als Schmetterlingssammeln.[1] Leach war von einem ingenieurswissenschaftlichen Hintergrund zur Anthropologie gekommen, so ist seine Neigung vielleicht nicht verwunderlich, das Funktionieren der Gesellschaft eher mit der Arbeitsweise eines Mechanismus zu vergleichen als mit der Wirkungsweise eines Organismus. Seine Methode: Er ging nicht von Beobachtungen wirklichen Lebens aus, sondern vom Reißbrett. Man stelle sich eine Maschine mit einer begrenzten Zahl von Einstellrädern vor, deren jedes nur für eine besondere Variable in Betracht kommt und nur bestimmte Konfigurationen ermöglicht. Denken Sie an all die möglichen Einstellungskombinationen. Nehmen wir ferner an, dass jede Kombination mit einer denkbaren Sozialstruktur korrespondiert. Alles menschliche Leben, alle Geschichte kann nach Leach als Erkundung des grenzenlosen Raums an Möglichkeiten verstanden werden, welcher durch die Kombination verschiedener Einstellungen oder Werte einer begrenzten Menge von Variablen erschlossen werden kann. Diese Art des logischen anthropologischen Denkens war genau genommen nicht von Leach. Im Fach als Strukturalismus bekannt, war sie von Claude Lévi-Strauss in die Anthropologie eingeführt worden, dem wohl berühmtesten Anthropologen der zweiten Hälfte des 20. Jahrhunderts. Leach tat viel, um diese neue Art des Denkens, das von Frankreich aus Englands Gestade erreichte, der Aufmerksamkeit der anglophonen Gelehrten zu empfehlen. Ich erinnere mich, wie ich gefesselt seinen Vorlesungen zu dem Thema lauschte. Auf mich wirkte der Strukturalismus wie eine Mathematik sozialen Lebens in Reinform.

Nicht lange davor hatte der Philosoph Thomas Kuhn in einer Untersuchung wissenschaftlicher Revolutionen den Begriff „Paradigma“ geprägt, um damit eine Reihe von Grundprinzipien zu kennzeichnen, die zu jedem beliebigen Zeitpunkt in der Geschichte eines Fachs die Fragen, die dieses stellen kann, und die Möglichkeiten, die es zu ihrer Klärung hat, einschränken.[2] Im vorangehenden Kapitel beschrieb ich, wie die Anthropologie im Rahmen eines evolutionistischen Paradigmas den Kinderschuhen entwuchs. Dessen erkenntnisleitende Frage war: Wie *entwickeln* sich die Menschen, ihre Artefakte und Institutionen? Wir sahen, wie in der Sozialanthropologie das Paradigma des Funktionalismus die Führung übernahm. Es fragte: Wie *funktionieren* Institutionen? Mit dem Paradigma des Strukturalismus änderte sich die Fragestellung erneut. Jetzt hieß es: Wie erhalten die Dinge, die die Menschen sagen und tun, ihre Bedeutung? Für Strukturalisten spielt sich das soziale Leben in der Kommunikation ab, im aussagekräftigen Austausch von Zeichen und Symbolen. Dementsprechend drehten sich ihre Kernfragen darum, wie Zeichen und Symbole Bedeutung vermitteln können und welche Beziehung sie zu dem eingehen, wofür sie stehen. Um Antworten zu erhalten, wandten sie sich einer Disziplin zu, für die diese Fragen seit langem einen zentralen Platz einnahmen, der Linguistik.

Alle menschlichen Sprachen haben die bemerkenswerte Eigenart, dass Wörter zwar die kleinsten bedeutungstragenden Einheiten darstellen, dass sie aber dennoch aus noch kleineren Einheiten bestehen – im Fach als Phoneme bekannt, aber in alphabetischer Schreibweise allgemein als Buchstaben wiedergegeben –, die, wenngleich an sich bedeutungslos, die Sprecher nichtsdestoweniger in die Lage versetzen, ein bedeutungsvolles Wort von einem anderen zu unterscheiden. Aufgrund (nicht trotz) dieser Unterscheidungen kommt jedem einzelnen Wort letztlich die Bedeutung zu, die es hat. Konnten diese Eigenschaften der sprachlichen Kommunikation auf andere Bereiche des sozialen Lebens ausgedehnt werden?

In einer Vortragsreihe an der Universität Genf von 1906 bis 1911 hatte der Linguist Ferdinand de Saussure dahingehend argumentiert, dass Wörter im Allgemeinen das bedeuteten, was sie bedeuten, nicht weil es, isoliert betrachtet, zwischen einzelnem Wort und einzelner Bedeutung irgendeine innere Beziehung gebe, sondern wegen der Art und Weise, in der ein System von Gegensätzen auf der Wortebene in einem anderen auf der Bedeutungsebene abgebildet werde.[3] Um ein einfaches Beispiel zu nehmen: Es ist nichts von Natur aus Katzenhaftes an dem Wort „Katze" oder Hündisches an dem Wort „Hund", aber indem man die Reihe verbaler Gegensätze zwischen „Katze", „Hund" und den anderen Bezeichnungen von Tierarten mit der Reihe taxonomischer Unterschiede zwischen den Arten selbst kombiniert, wird zwischen Wörtern und Arten eine Eins-zu-eins-Entsprechung hergestellt, derart, dass „Katze" und „Hund" mit jeweils katzenartigen und hundeartigen Eigenschaften eine einheitliche Ordnung bilden. In einem berühmten Werk über den Totemismus – ein Begriff, der die engen Bande beschreibt, von denen man in vielen Gesellschaften glaubt, dass sie zwischen bestimmten sozialen Gruppen und bestimmten natürlichen (häufig Tier-) Arten bestehen – wandte

Lévi-Strauss die gleiche Logik an.[4] Hier sind die Wörter Arten in der Natur, ihre Bedeutungen gesellschaftliche Gruppierungen und die Totemverbindung zwischen einer besonderen Spezies und einer bestimmten Gruppe rührt daher, dass die Unterschiede zwischen den Spezies auf die Unterschiede zwischen den Gruppen übertragen worden sind. Auf diese Weise liefert die Natur ihre eigene Sprache, einen Satz konkreter Begriffe, mittels derer die gesellschaftlichen Strukturen dargestellt werden können. Wenn häufig Tiere als Totems gewählt werden, so die Schlussfolgerung von Lévi-Strauss, dann deswegen, weil sie gut sind: nicht als Nahrung, aber gut zum Denken.

Aber Lévi-Strauss ging noch weiter und wandte auf die soziale Welt zudem eine Methode an, die von dem russisch-amerikanischen Linguisten Roman Jakobson zur Analyse der Phoneme einer beliebigen Sprache entwickelt worden war: Diese seien spezifische Kombinationen distinktiver Merkmale, die von der jeweiligen Sprache aus einem begrenzten Repertoire an allen Menschen zur Verfügung stehenden Merkmalen ausgewählt würden. Die Idee war, dass die gleiche Form der Analyse unverwechselbarer Merkmale nicht nur für den Austausch von Wörtern gelten könnte, sondern auch für den Austausch von Gaben und Waren im Wirtschaftsleben und für den Austausch von Personen beim Schmieden von Verwandtschafts- und Affinitätsbeziehungen. Folgt man dieser Logik, so repräsentiert jede Gesellschaft, die jemals existierte oder existieren könnte, nur eine von zahllosen kombinatorischen Möglichkeiten, die dennoch allesamt durch die Architektur und das generative Potenzial eines universalen menschlichen Geistes garantiert sind. Nicht umsonst hat man Lévi-Strauss mit einem Astronomen unter Sozialwissenschaftlern verglichen, der auf Gesellschaften starre, als wären es Sterne am Himmel, jede Gegenstand distanzierter Betrachtung. Aber was ist in der Unendlichkeit von Raum und Zeit, in der diese stellaren

Gesellschaften angeordnet sind, mit den Menschen geschehen? Sie scheinen verschwunden zu sein. Wenn ihre Existenz überhaupt anerkannt wird, dann als Beiwerk. Sie wirken nicht mittels Strukturen; Strukturen wirken durch sie hindurch. Wie der Linguist, der einem Gespräch nur deswegen folgt, weil dabei die Tiefenstruktur der von den Teilnehmern gesprochenen Sprache offengelegt wird, der sich aber für das, was sie warum zu sagen haben, nicht interessiert, sieht der Strukturale Anthropologe im Geben und Nehmen des sozialen Lebens nur die äußerliche Ausdrucksform unbewusster Strukturen, von denen die Leute selbst überhaupt nichts wissen.

Während sich manche Anthropologen für Astronomen hielten, wählten andere wiederum das entgegengesetzte Extrem und beschlossen, ins soziale Leben auf atomarem Niveau zurückzukehren. Ihr Ausgangspunkt waren menschliche Individuen mit bestimmten Werten und begrenzten Mitteln zu ihrer Umsetzung, in jedem Fall einer Interaktion mit anderen das auswählend, was ihnen den größten Vorteil brächte. Nehmen wir an, ich hätte eine Summe Geldes und Sie besäßen eine Uhr. Ich möchte Ihre Uhr wirklich haben, und Sie benötigen dringend Geld. Also tauschen wir – Ihre Uhr gegen mein Geld – und sind beide letztlich besser dran als zuvor. Für die sogenannten Transaktionalisten sind alle sozialen Interaktionen von dieser Art, auch wenn die getauschten Werte immateriell sind wie Liebe oder Freundschaft. Diese Theoretiker behaupten, alle Formen sozialer Organisation sind entstanden – und können so erklärt werden – durch das Zusammenspiel dieser unzähligen Interaktionen, denen die unterschiedlichsten Werte zugrunde liegen. Ich selbst fand diesen Ansatz attraktiv und zu der Zeit, als ich meinen Abschluss machte, war ich davon überzeugt, dass darin die Zukunft der Sozialanthropologie lag. Sein führender Verfechter war der norwegische Anthropologe Fredrik Barth, damals eine der herausragenden Persönlichkeiten des Fachs.[5] Wie viele meiner Zeitgenossen bewunderte ich ihn und als Doktorand entschloss ich mich, ein paar Monate bei ihm an der Universität Bergen zu verbringen, vor meiner Feldforschung beim Volk der Sami in Nordostfinnland. Fredrik Barth war charismatisch, seine inspirierende Gegenwart entsprach seiner klaren Prosa. Ich wurde nicht enttäuscht.

Aber nach sechzehn Monaten Feldforschung, mehr oder weniger vom akademischen Milieu isoliert, kehrte ich nach Bergen zurück und fand den Fachbereich im Umbruch. Barth war in die Vereinigten Staaten aufgebrochen, und der Transaktionalismus stand, wie es schien, am Rande des Zusammenbruchs. Ich entdeckte, dass ein neuer Zirkus in die Stadt gekommen war, der alles zerstreute, was auf seinem Weg lag. In Übereinstimmung mit angehenden politischen und intellektuellen Bewegungen im Europa der frühen 1970er Jahre hatte die Anthropologie das philosophische Werk von Karl Marx wiederentdeckt und mit dem Strukturalismus kombiniert – mit dem Ergebnis einer hybriden Züchtung, die unter dem spröden Namen „Strukturaler Marxismus" bekannt wurde. Sie versprach, das Fach zurück auf die Erde zu bringen, aus dem exklusiven geistigen Raum kombinatorischer Möglichkeiten in die reale Welt menschlicher Plackerei und historischer Umgestaltung. Es kann schließlich keine soziale Strukturen geben ohne Menschen, die sie umsetzen, und, worauf Marx immer bestand, es kann keine Menschen geben ohne Produktion des Lebensnotwendigen. Die Menschen müssen ihre Subsistenzmittel produzieren, wenn das Leben weitergehen soll, und dies verlangt nach einer Form des praktischen Umgangs mit der Umwelt. Das Problem war, dass keine noch so extreme und erbarmungslose Umwelt den Menschen wirklich zu verstehen gibt, was sie tun sollen. Für Menschen – wenn nicht gar für nichtmenschliche Tiere – kommen die Intentionen, die die Produktion der Lebensgrundlagen steuern, aus der Gesellschaft. Wie also können die materiellen Erfordernisse menschlicher Existenz und die dadurch bedingten Beschränkungen mit der relativen Autonomie sozialer Strukturen in Einklang gebracht werden, wenn sie doch die Bedingungen des Umgangs mit der Umwelt vorgeben? Der Strukturale Marxismus bot eine Lösung.

Das Problem selbst war ein altes und ging auf frühere Bemühungen zurück, hauptsächlich in der nordamerikanischen Anthropologie, die Fachrichtung der sogenannten „Kulturökologie" zu etablieren, die sich spezifisch mit der Rolle der Kultur in der Anpassung des Menschen an seine Umwelt befasste. Auch sie steckte in einem Dilemma. Wie können wir gleichzeitig der Meinung sein, die Kultur würde steuern, was die Menschen in ihrer Umwelt tun, sie aber auch mit den Mitteln ausstatten, mit deren Hilfe sie sich an diese Umwelt anpassen? Für Theoretiker, die sich zwischen kulturellen und ökologischen Grundprinzipien des Verhaltens verfingen, gab es keinen anderen Ausweg, als sich für eins von beiden zu entscheiden. So versuchten einige zu zeigen, dass gewohnheitsmäßige Glaubensvorstellungen und Praktiken dazu dienten, nicht nur das soziale System aufrechtzuerhalten, von dem sie ein Teil sind, sondern das gesamte, aus den Beziehungen des Menschen zu Tieren, Pflanzen und Land bestehende Ökosystem. Ihrer Vermutung nach tendieren alle solche Systeme zum Gleichgewicht – die es nicht tun, würden auf lange Frist gesehen zusammenbrechen. Andere behaupteten im Gegenteil, dass Glaubensvorstellungen und Praktiken einer ganz eigenen Logik gehorchten, verankert in symbolischen Strukturen, die nichts den Umweltverhältnissen schuldeten. Doch erschien keine Option realistisch. Auf der einen Seite finden sich überall Beweise für die Instabilität von Mensch-Umwelt-Beziehungen; tatsächlich ist das der eigentliche Motor der Geschichte. Warum sollten Menschengruppen jemals den Übergang vom Jäger und Sammler zum Bauern oder von extensiver Bodenbestellung zur intensiven

Landwirtschaft gemacht haben, wenn nicht als Reaktion auf ein Ungleichgewicht zwischen Bevölkerungsdichte und Ressourcen? Aber sind nicht auf der anderen Seite eben diese Übergänge der lebende Beweis dafür, dass Kultur nicht die Handlungsfreiheit hat, ihren eigenen Weg zu gehen?

1974, als neu ernannter Dozent für Sozialanthropologie an der Universität Manchester, erhielt ich den Auftrag zu einer Lehrveranstaltung „Umwelt und Technologie", und im Zentrum standen diese Fragen. Ein damals heiß diskutiertes Thema betraf zum Beispiel die sogenannte „Wittfogel-Hypothese". In einer 1957 veröffentlichten Arbeit mit dem Titel *Oriental Despotism* hatte der Sinologe Karl Wittfogel behauptet, dass die alten Reiche Indien und China, berüchtigt für die extreme Unterdrückung der Bevölkerung, ihren Aufstieg einer angemessenen Reaktion auf die Erfordernisse des Bewässerungsfeldbaus verdankten. Die Errichtung und Erhaltung von Bewässerungsanlagen bedingten einen massiven Einsatz von Arbeitskräften, die nur von einem in hohem Maße zentralisierten und totalitären Regime bereitgestellt und koordiniert werden konnten. Dieses Argument wurde von selbsternannten „Kulturmaterialisten" aufgegriffen, die darauf beharrten, alle Formen der Kultur und Sozialordnung könnten als zwangsläufige Reaktionen auf techno-ökologische Verhältnisse erklärt werden. Gegner jedoch wiesen darauf hin, dass Bewässerungsfeldbau selbst ein Mittel war, mit dem Imperien ihre Macht zu konsolidieren und auszuweiten suchten, wurde damit doch immer eine größere Bevölkerungsdichte im ländlichen Bereich unterstützt. Die Antriebskräfte waren also soziopolitischer Natur, wohingegen die technologische Bewältigung unserer Lebenswelt neue Maßstäbe hinsichtlich der Bevölkerungsdichte setzte, was Machtkonzentrationen auf einem bis dahin noch nicht bekanntem Niveau gestattete. Ein jüngeres Beispiel bezieht sich auf das Verhältnis zwischen dem Aufstieg des Industriekapitalismus und der Erfindung der Dampfmaschine. Auch in diesem Fall wurde die Maschine erfunden, um den Anforderungen des Kapitals nachzukommen und nicht umgekehrt, doch sie ermöglichte eine Revolution in einer Größenordnung, wie sie die industrielle Produktion noch nicht gesehen hatte.

Im schwer verdaulichen Jargon des Strukturalen Marxismus kam diese Argumentation als Dialektik von Dominanz und Bestimmtheit zum Ausdruck. Dominant waren die sozialen Strukturen und Verhältnisse, die die Machtverteilung und den Zugang zu den Produktionsmitteln regulierten: Land, Ressourcen und Technologie. Bestimmend war die ökosystemische Dynamik einer Umwelt, die durch Eingriffe des Menschen in unterschiedlichem Ausmaß verändert wurde. Die Steigerung der Produktion, angetrieben durch dominante soziale Verhältnisse, kann letztlich Beziehungen in einem Ökosystem bis an die Grenze der Belastbarkeit bringen, was sich beispielsweise als Entwaldung oder Desertifizierung manifestiert. Die menschliche Geschichte ist in der marxistischen Erzählung von solchen Krisen durchsetzt, die jeweils nur durch umfassende Umgestaltungen sowohl in den sozialen Verhältnissen als auch den techno-ökologischen Produktionsbedingungen bewältigt werden können. Nunmehr eher in Marx'schen als Darwin'schen Begriffen formuliert, war die soziale Evolution wieder auf der Tagesordnung und damit ein Denkansatz geschaffen, um den herum Sozialanthropologen und Archäologen nach Jahrzehnten der Spaltung erneut zusammenfinden konnten. Beide machten sich daran, Geschichte über einen sehr langen Zeitraum hinweg neu zu schreiben, als eine Abfolge von Transformationen, die von den Ursprüngen der Landwirtschaft bis zur industriellen Revolution verliefen. Tatsächlich war die Archäologie in den unmittelbar vorausgegangenen Jahrzehnten gegenüber den Umbrüchen im anthropologischen Denken nicht immun geblieben. Einige – Befürworter der sogenannten „Prozessualen Archäologie" – hatten versucht, prähistorische Artefaktanhäufungen als Beweis für eine menschliche Verhaltensanpassung an die Umweltbedingungen zu interpretieren; andere – die sich selbst „Postprozessualisten" nannten – waren entschlossen aufzuzeigen, wie Gegenstände der materiellen Kultur Bedeutungen haben, die sich in größeren Sinnzusammenhängen konstituieren und konkret als Vehikel einer symbolischen Ausdrucksweise in Erscheinung treten. Auch hier bot ein marxistischer Erklärungsansatz für die soziale Evolution eine mögliche Lösung. Aber es war nicht die letzte.

Der Niedergang des Strukturalen Marxismus kam so plötzlich und überraschend wie sein Aufstieg. Sein Sturz ging einher mit dem Fall der Berliner Mauer 1989, dem bald darauf der Zusammenbruch der Sowjetunion folgte und das erklärte Ende des Kalten Krieges. Intellektuelle – darunter auch Anthropologen –, die Marx gelesen hatten, um sich inspirieren zu lassen, tauchten ab oder fanden andere Leuchten, denen sie folgen konnten. Gelehrte Bände über vorkapitalistische Produktionsweisen, vormals die Lektüre aller Anthropologiestudenten, lagen verlassen in den Bibliotheksregalen, ungeöffnet und ungeliebt. In der Tat war die Erschütterung des intellektuellen Terrains von solch seismischen Proportionen, dass viele darin das Ende einer Ära sahen, die die gesamte Geschichte der Anthropologie und verwandter humanwissenschaftlicher Disziplinen, von ihren Anfängen in der Aufklärung bis in die Gegenwart, umfasste. Wessen wir Zeugen geworden waren, erklärten sie, sei nichts Geringeres als der Untergang der Moderne. Denn wenn alles gesagt und getan ist, waren Evolutionismus, Funktionalismus und Strukturalismus lediglich Variationen eines modernen Themas. Wir hatten jetzt die Schwelle zu einer neuen Ära der Postmoderne überschritten. Alles Menschenleben, die gesamte menschliche Geschichte, so schien es, drehte sich um den Wandel. Für die Anthropologie bedeutete dies eine

Verengung des zeitlichen Horizonts vom grandiosen Ausschwingen der sozialen Evolution hin auf den punktuellen Charakter der aktuellen Wende. Gleichzeitig kündigte sich eine Periode intensiver Selbstwahrnehmung an, eine Infragestellung traditioneller Arbeitsmethoden, die die unumschränkte Autorität des westlichen Analytikers als selbstverständlich angesehen hatten. Denn die postmoderne Welt war auch eine postkoloniale, in der die intellektuelle Vorrangstellung des Westens und der in seinen Institutionen Geschulten nicht länger vorausgesetzt werden konnte.

Näher an heimatlichen Gefilden war auch meine eigene Lehrtätigkeit in eine Sackgasse geraten. Von Geistesströmungen beeinflusst, die einerseits von der Kulturökologie, andererseits vom Strukturalen Marxismus herstammten, hatte ich mich aufgemacht, um zu zeigen, wie jeder Mensch – zugleich ein lebender Organismus, der mit anderen Organismen zu etwas verbunden ist, was Ökologen „Netz des Lebens" nennen würden, und eine Person, die mit anderen Personen zusammen in einem Netzwerk sozialer Beziehungen aufgehoben ist – simultan an zwei Systemen, nämlich einem ökologischen und einem sozialen, teilhat.[6] Das Problem war also, wie das Wechselspiel zwischen den beiden Systemen zu verstehen war: vorherrschend das eine, indem es das produktive Handeln mit seinen Intentionen versah; bestimmend das andere, indem es dem Produktionsdruck Grenzen setzte, die von der Umwelt ausgehalten werden konnten. Beispielsweise mag in einer Gesellschaft, in der die Männer jagen und die Frauen sammeln, ein Mann vorhaben, auf die Jagd zu gehen, um für die Ernährung seiner Familie Fleisch mitzubringen, aber sein Beutegang unterliegt auch der ökologischen Dynamik in der Wechselbeziehung zwischen Jäger und Beute. Letzteres mag man anhand von Modellen aus dem Bereich der Tierökologie leichter verstehen, Ersteres zu begreifen erfordert jedoch eine sozialanthropologische Herangehensweise. Keines von beiden funktioniert jedoch für sich allein – so meine Argumentation; wir müssten die Systeme schon zusammenfügen. Doch war ich durch diese Aufspaltung des Menschseins in zwei Komponenten, Person und Organismus, in zunehmendem Maße verunsichert, war damit doch eine entsprechende Aufteilung in zwei verschiedene Bereiche, Gesellschaft und Natur, verbunden. Eines Tages, 1988, dämmerte es mir schließlich, dass Person und Organismus keine Partner im menschlichen Wesen waren, sondern ein und dasselbe: Der Organismus-in-seinem-Umfeld *ist* ein Lebewesen-in-der-Welt. Von diesem entscheidenden Wendepunkt an erschien mir alles, was ich bis dahin an Argumenten vorgebracht hatte, als hoffnungslos verkehrt.

Um zu erklären, wie ich diesen Durchbruch schaffte, müssen wir die Zeit ein paar Jahrzehnte zurückspulen, zu Entwicklungen auf dem bis dahin als Physische Anthropologie bekannten Feld. Auch hier hatte es eine ausgesprochene Verlagerung gegeben: von einem traditionellen Interesse an der Entwicklung der menschlichen Anatomie, wie sie in der fossilen Überlieferung kenntlich wurde, hin zu einer Ausrichtung auf Verhalten und Ökologie. Indem sie das Material von Feldstudien über menschliche Jäger-Sammler und nichtmenschliche Primaten verglichen, versuchten Verhaltensökologen durch Rückschlüsse auf die Entwicklung von Kultur und Sozialordnung frühzeitliche Menschen zum Leben zu erwecken. In Widerspiegelung dieser Verschiebung vom Fossilen zum Lebendigen hatte sich die Teildisziplin in „Biologische“ statt „Physische“ Anthropologie umbenannt. Damals auch hatten sich viele Anthropologen mit der Idee der Gruppenselektion angefreundet. Die Überlegung, von Darwin in Die Abstammung der Arten bereits vorweggenommen, ging dahin, dass die natürliche Selektion ebenso auf Gruppen- wie auf individueller Ebene funktionierte. Wenn es sich um Individuen handelte, würde die Selektion automatisch die Merkmale der Fortpflanzungsfähigsten bevorzugen. Aber auf Gruppenebene bestände eine selektive Neigung zu Mechanismen, die einer Beschränkung der Reproduktion dienlich wären und die Zahlen im Bereich vertretbarer Grenzen hielten. Gruppen, die solche Mechanismen besäßen, würden ein bleibendes Gleichgewicht mit ihrer Umgebung erreichen, wohingegen diejenigen, die solcher Mechanismen ermangelten, sich letzten Endes aufgrund von Bevölkerungszuwachs und Ressourcenüberlastung selbst auslöschen würden. Diese Argumentation hatte, wie wir gesehen haben, auch ihre Anhänger unter Sozial- und Kulturanthropologen. Sie behauptete, den Nachweis darüber führen zu können, warum soziale Tiere wie die Menschen so bereitwillig kollektives Wohlergehen individuellem Eigeninteresse vorzuziehen schienen. Mit einem Wort: Sie lieferte eine Erklärung für das Phänomen des Altruismus.

Für Verhaltensökologen war eine Erklärung des Altruismus zu so etwas wie dem Heiligen Gral geworden, lieferte sie doch eine Begründung dafür, warum Tiere so vieler Arten, der Mensch eingeschlossen, in Gemeinschaften leben. Wenn man den Altruismus erklären konnte, konnte man ihrer Ansicht nach die Gesellschaft erklären. Aber seit Anfang der 1970er fiel die biologische Meinung mit voller Wucht über die Gruppenselektion her und schlug ins andere Extrem aus. Die Selektion, so die Behauptung vieler, ist weder auf Gruppen- noch auf individueller Ebene wirksam, sondern auf der Ebene der Gene. Folgt man ihrer Argumentation, so wäre, was das Huhn für das Ei ist, der individuelle Organismus lediglich eine von Genen konstruierte Maschine, die deren Verbreitung sicherstellen soll. Gene betreffen jedoch nicht nur die Individuen einer Bevölkerung, sondern werden in einem Maße geteilt, dass sie genealogisch zusammengehören. Je enger du und ich miteinander verwandt sind, desto mehr Gene haben wir gemeinsam. Prinzipiell kann ein Gen demnach seine eigene Verbreitung fördern, indem es seinen Träger dazu bringt, sich auf eine Art und Weise zu verhalten, die verwandte Gene, in denen es auch repräsentiert ist, unverhältnismäßig begünstigt, und sei es gar auf Kosten ihres Trägers. Der Evolutionsbiologe William Hamilton hat eine entsprechende Regel formuliert: Falls der Gewinn an reproduktiver Fitness für die Begünstigten, multipliziert mit dem Koeffizienten der genetischen Verwandtschaft zwischen Begünstigten und altruistischem Geber, die Fitnesskosten des Gebers übersteigt, dann wird die Verwandtenselektion dazu tendieren, das in Frage kommende Verhalten zu „fixieren". Man hatte zu guter Letzt eine genetische Erklärung für den Altruismus nachgewiesen! Und damit war ein neues Fach geboren. Eingeführt mit großem Trara durch den Entomologen E. O. Wilson wurde es unter dem Namen „Soziobiologie" bekannt.[7]

Sozial- und Kulturanthropologen reagierten auf diese Entwicklungen mit Entsetzen. Ihre Einwände richteten sich nicht so sehr gegen die Theorie selbst als gegen die von den Soziobiologen enthusiastisch verbreitete Behauptung, damit eindeutig gezeigt zu haben, dass jegliches soziale Verhalten eine, wie sie es nannten, „biologische Grundlage" hatte. Das wirft natürlich die Frage auf, woraus eine biologische Grundlage bestehen könnte. Bedeutet „biologisch" „genetisch"? Und was bedeutet es, wenn man vom Verhalten irgendwie sagt, es sei sozial? Impliziert das eine Zusammenarbeit zwischen Individuen, die zufällig der gleichen Spezies angehören, seien es nun Ameisen in einer Kolonie, Bienen in einem Stock, Elefanten in einer Herde oder Menschen in einer Gemeinschaft? Das war Wilsons Ansicht. Aber dagegen bestand der Sozialanthropologe Meyer Fortes darauf, dass es so etwas wie eine Gesellschaft oder soziale Beziehungen ohne eingesetzte Ordnung nicht geben könne, Ordnung von der Art, die auf Sprache beruht und spezifisch menschlich ist und die Personen als Leute definiert, die Vis-à-vis-Positionen einnehmen wie Eltern und Kind in der Familie, Lehrer und Schüler in der Schule oder

Arzt und Patient in der Praxis.[8] Das Konzept von Gesellschaft auf das Tierreich auszuweiten, hielt Fortes dagegen, hieße, sich einer anthropomorphen Metaphorik hinzugeben. Soziologen frischten lediglich einen alten Trick auf, wenn sie menschliche Assoziationsformen in die Natur hineinläsen, nur um zu erklären, dass die Gesellschaft selbst eine natürliche Grundlage habe. Es ist eine Sache, wenn wir auf unsere Erfahrung in der menschlichen Gemeinschaft zurückgreifen, um das Verhalten „sozialer“ Insekten zu beschreiben, eine ganz andere, wenn man die Metapher umkehrt und das Leben von Insekten als Modell für die Menschheit hernimmt.

Ein heftiger Streit entbrannte, der sich weitgehend um Verwandtschaft drehte – seit alters ein zentrales anthropologisches Thema. Verwandtschaft werde durch genetische Verknüpfung definiert, erklärten die in der einen Ecke. Nein, sagten die in der anderen, es ist ein System von sozialen Kategorien; die Wahrscheinlichkeit einer genetischen Verbindung zwischen gattungsgemäß kategorisierten Individuen ist irrelevant. Das gegenseitige Verhalten von Verwandten wird durch angeborene Veranlagung bestimmt, insistierten die Ersten. Nein, konterten die Zweiten, es wird durch moralische Bindungen geregelt. Und überhaupt, fügten sie hinzu, wie kann jemand genau wissen, wer seine genetischen Verwandten sind? Deshalb, versetzten die Ersten, drängeln sich alle immer um ein neues Baby, um seine Ähnlichkeit mit verschiedenen Verwandten zu überprüfen. Die Leute sind darauf programmiert, nach verräterischen Anzeichen einer genetischen Verbindung Ausschau zu halten, weil sie sich nicht dazu verleiten lassen wollen, in Individuen zu investieren, die gar nicht ihre Gene tragen. Unsinn!, riefen die Zweiten; die Äußerung über die Ähnlichkeit ist lediglich Teil des Prozesses, wodurch für den Neuankömmling eine Person – ein Name und ein Platz in der Sozialordnung – geschaffen wird. Und so ging es weiter. Schließlich wurde ein Waffenstillstand ausgerufen. Keine der beiden Seiten konnte sich völlig durchsetzen; stattdessen einigte man sich auf einen Kompromiss. Ja, die Menschen sind von Natur aus prädisponiert, diejenigen, mit denen sie genetisch verbunden sind, zu bevorzugen, und ja, ihrem Verhalten wird Sinn verliehen, und die Personen, an denen es sich orientiert, sind, was geordnete Beziehungen angeht, umfassend kategorisiert. Jede Darstellung liefert uns eine teilweise Beschreibung von Verwandtschaft; um ein vollständiges Bild zu erhalten, müssen wir die beiden zusammenfügen.

Ich nenne diesen Kompromiss die These der Komplementarität. Person und Organismus bzw. soziales Wesen und biologisches Individuum sind wie zwei komplementäre Teile des Menschen, die zusammen den ganzen Menschen ausmachen. Ich erkannte an jenem Tag 1988, dass diese zweiteilige Auffassung des Menschen, mit einem Fuß in der Natur und dem anderen in der Gesellschaft, verschwinden müsse. Denn zwischen genetischer Verbindung und sozialer Kategorisierung ist kein Platz fürs Leben. Es fällt durch die Ritzen. Im Leben werden Beziehungen nicht vorab zugestanden, sondern müssen fortwährend ausgeführt werden (siehe Abbildung 4). Verwandtschaftsbeziehungen, zum Beispiel, werden in zahllosen Akten der Zuwendung und Aufmerksamkeit, durch die Menschen ernährt, aufgezogen und ausgebildet werden, realisiert. Und doch *ist* die Person, die auf dem Nährboden der Verwandtschaftsbeziehungen gehegt und gepflegt wird, ein Organismus, der in einer Umwelt heranwächst, zu der ebenso Menschen wie nichtmenschliche Andere gehören. Hege und Wachstum sind aber nur zwei Wege, sozial beziehungsweise biologisch, denselben Prozess der Ontogenese, der andauernden Erzeugung von Seiendem – oder, mit einem Wort, von Leben –, zu beschreiben. Jedes Hinwenden zu einem anderen, in jedem Augenblick, wird in diesem Prozess entstehen. Die Liebe der El-

Abbildung 4: Soziale Beziehungen entstehen durch konkretes Verhalten. Detail aus *Der Kampf zwischen Karneval und Fasten* (1559) von Pieter Bruegel dem Älteren (Kunsthistorisches Museum Wien).

tern ihren Kindern gegenüber erwächst aus der verlängerten Intimität ihres Zusammenlebens; sie ist nicht das Ergebnis ihrer vermutlichen genetischen Verwandtschaft. Dennoch ist sie nicht weniger „biologisch". Kurzum, Menschen sind biosoziale Wesen, nicht weil sie die Produkte von Genen und Gesellschaft sind, sondern weil sie fortwährend sich selbst und einander erschaffen als die lebendigen, atmenden Geschöpfe, die sie sind. Sie sind nicht zwei Dinge, sondern eines.

Der Gedanke, dass Menschen einander in Körper und Geist, in den praktischen Aufgaben des sozialen Lebens, hervorbringen, versteht sich beinahe von selbst. Aber er konnte nur auftauchen dank einer der weitreichendsten Verschiebungen innerhalb der

Sozialanthropologie der letzten dreißig Jahre: vom vorwiegend strukturalen Denken früherer Jahrzehnte hin zu einer Art des Denkens, das den Fokus auf Beziehungen richtet, die nicht einfach nur von der Gesellschaft abgeleitet sind, sondern das wahre Gefüge sozialen Lebens ausmachen. Realität selbst ist durch und durch auf Beziehungen aufgebaut. Diese Feststellung wird uns jedoch nicht weit bringen, wenn wir nicht genauer festlegen, was wir damit meinen. Was ist überhaupt eine soziale Beziehung? Die Frage lässt drei mögliche Antworten zu, von denen nur die letzte den Ansatz einer relationalen Ontologie enthält. Die erste Antwort lautet, dass jede Beziehung eine Abfolge von Interaktionen ist, die sich über einen längeren Zeitraum hinziehen. In einem solchen Zusammenspiel treffen sich zwei Gruppen und unterhandeln, bleiben aber dennoch in sich geschlossen und autark. Dieser Antwort liegt der früher bereits vorgestellte methodische Ansatz der Transaktionalisten zugrunde wie auch das soziobiologische Konzept einer Gesellschaft als Summe interagierender Individuen von gleicher Art. Die zweite Antwort, mit der Sozialanthropologen der soziobiologischen Herausforderung zu begegnen suchten, versteht Beziehung ganz anders, als nicht zwischen Individuen existierend, sondern vielmehr zwischen Positionen, die sie in einem etablierten institutionellem Bezugssystem einnehmen können, wie Eltern und Kind, Lehrer und Schüler, Arzt und Patient. Eben deshalb, weil jede Seite in der Debatte um die Soziobiologie unter Beziehung etwas anderes verstand, redete man letztlich aneinander vorbei.

Die dritte Antwort ist: Beziehungen sind Wege von Lebewesen, die miteinander durchs Leben gehen und so dazu beitragen, des jeweils anderen Existenz aufzubauen. Der Schlüssel hierzu ist die Vorstellung, dass in ihrer Entfaltung Beziehungen ständig diejenigen Wesen *hervorbringen*, mit denen sie sich verbinden. Im anthropologischen Jargon „konstituieren sich“ Lebewesen-in-Beziehung „wechselseitig". Einfacher: Deine Beziehungen mit anderen sind in dir und machen dich zu dem, der du bist. Und ebenso ist es mit anderen. Dieses sich mit anderen Vereinen und sich gleichzeitig von ihnen Unterscheiden findet *von innen heraus* statt. Lebewesen interagieren nicht so sehr, als dass sie intra-agieren; sie sind im Innern der Aktion. Die Implikationen des Denkens-in-Beziehungen für das, was es heißt, eine Person zu sein oder Handlungskompetenz zu zeigen, bleiben Schlüsselthemen der aktuellen Debatte. Vieles davon ist von Entwicklungen in der feministischen Wissenschaft angeregt worden, die entscheidend dazu beigetragen haben, die traditionellerweise gendergeprägte Polarisierung von männlicher Handlungsmacht und weiblicher Unterwerfung in Frage zu stellen. Solche Ansichten haben jedoch Sozialanthropologen in ein neuerliches Spannungsverhältnis mit ihren Kollegen aus der etablierten Biologischen Anthropologie gebracht, die überwiegend den Konventionen der Darwin'schen Evolutionstheorie treu geblieben sind. Das Problem dabei ist, dass jedes Lebewesen, wenn die Theorie funktionieren soll, als eigenständiges Individuum positioniert sein muss, eines aus einer ganzen Bevölkerung von solchen Individuen, im Einzelnen festgelegt durch ein Erbe, das ihm bereits vor seinem irdischen Leben zuteil geworden sein muss; zu anderen Individuen stände es über äußere Verbindungslinien in Beziehung, die seine ererbte Veranlagung unbeeinflusst ließen. Biologen nennen das „Populationsdenken". Es widerspricht dem Beziehungsdenken auf Schritt und Tritt.

Folglich sind wir nicht mit der Komplementarität zweier Aspekte des Seins, eines sozialen und eines biologischen, konfrontiert; stattdessen sehen wir uns einer Kluft zwischen zwei Möglichkeiten, das Sein selbst zu verstehen – d.h. zwei Ontologien –, gegenüber: einer, die sich an Beziehungen orientiert und einer anderen, die sich nach Bevölkerungszahlen richtet. Die schiere

Inkompatibilität dieser Ontologien ist weitgehend verantwortlich für die derzeit völlig verfahrene Situation in den Verhandlungen zwischen Sozial- und Biologischer Anthropologie. Um dieser Sackgasse zu entkommen, braucht es nichts Geringeres als eine radikal alternative Biologie – eine, die die grundlegende Konstitution eines lebenden Organismus in seinen Beziehungen zu anderen sieht, so wie die heutige Sozialanthropologie die Person begreift. Diese Art von Biologie wird uns abverlangen, dass wir die Evolution nicht als Wandel verstehen, der sich entlang von Abstammungslinien vollzieht, sondern als Entfaltung der gesamten Beziehungsmatrix, in der sowohl menschliche als auch nichtmenschliche Formen erzeugt und bewahrt werden. Und sie wird von uns fordern, dass wir uns diese Formen weder als genetisch noch als kulturell vorkonfiguriert denken, sondern als sich ständig neubildende Ergebnisse entwicklungsmäßiger oder ontogenetischer Prozesse. Dieses Umdenken könnte in den Humanwissenschaften unseres gegenwärtigen Jahrhunderts auf eine Revolution hinauslaufen, die ebenso groß, wenn nicht größer wäre als jene, die das Darwin'sche Paradigma für die vergangenen Jahrhunderte bewirkte. Arbeiten in dieser Richtung sind im Gange. In so unterschiedlichen Bereichen wie der Molekularbiologie, der Epigenetik, Immunologie und Neurophysiologie liegen die biologischen Wissenschaften in den Geburtswehen eines Paradigmenwechsels in Richtung einer postgenomischen Welt, in der die Darwin'sche Logik nicht mehr anwendbar ist. Diese Arbeit fließt in einer neuen Synthese zusammen, die zur gleichen Zeit prozesshaft, entwicklungsbezogen und beziehungsgemäß ist. Sie hat die Tür zur zeitgenössischen Anthropologie weit aufgerissen. Für die Zukunft des Fachs ist es von entscheidender Bedeutung, dass wir eintreten.

5

ANTHROPOLOGIE FÜR DIE ZUKUNFT

Ich hoffe, ich habe Sie inzwischen davon überzeugt, dass die Anthropologie wichtiger ist denn je. Wenn es um die Frage geht, wie eine Welt aufzubauen sei, die sich für kommende Generationen als Lebensraum eignen würde, ist keine andere Disziplin so zentral positioniert, dass sie die Bedeutung menschlicher Erfahrung in allen Lebensbereichen besser zur Geltung bringen könnte. Und doch glänzen Anthropologen in den öffentlichen Debatten zu diesen Fragen zumeist durch Abwesenheit. Koryphäen aus verschiedenen Fachgebieten stolzieren über die Bühne und offerieren ihre mundgerechten Einschätzungen unseres Platzes in der Welt und ihre Prognosen für die Zukunft. Aber wo sind die Anthropologen? Vielleicht hat ihre Abwesenheit mit dem Umstand zu tun, dass sie weder eine spezielle Kompetenz aufweisen, die sie als ihre eigene deklarieren, noch einen einheitlichen Wissensfundus, den sie vermitteln könnten. Die Öffentlichkeit erwartet von einer akademischen Wissenschaft Antworten auf ihre Fragen. Aber die wahrscheinliche Reaktion von Anthropologen besteht darin, dass sie die Fragesteller ins Gebet nehmen, ihre unausgesprochenen Annahmen offenlegen und anmerken, dass andere – die von solchen Annahmen frei sind – die Fragen anders stellen würden. Es gibt keine einfachen Antworten. Die Anthropologie sagt Ihnen nicht, was Sie wissen möchten; sie erschüttert die Grundlagen dessen, was sie schon zu wissen glauben. Wer dieses Fach studiert, weiß am Ende vielleicht weniger als am Anfang, wiewohl er oder sie weiser sein werden. Das kann Unbehagen auslösen. Und die Verpflichtung, andere ernst zu nehmen, macht es für Anthropologen unzumutbar, eine Strategie zu verfolgen – an die sich so viele naturwissenschaftliche Autoren halten –, sich die vorab existierenden Begehrlichkeiten ihrer Leser zunutze zu machen und ihnen mit Neuigkeiten gewürzte Daten und Ideen zu liefern, um sie zufrieden zu stellen.

Solche Gelüste sind nicht auf ein unsachverständiges Publikum beschränkt. Sie werden, bis zu einem gewissen Maße, von der Wissenschaft selbst geteilt. In einem Meinungsabtausch jüngeren Datums empfiehlt zum Beispiel der Evolutionsbiologe und (nominelle) Anthropologe David Sloan Wilson das Werk von Anthropologen und anderen, die – seinen Worten zufolge – „ein riesiges Lagerhaus mit Informationen über menschliche Kulturen rings um die Welt und quer durch die Geschichte angefüllt haben“.[1] Dass Menschen die Geschöpfe ihrer Kulturen sind und dass jede Kultur als ein Korpus an Informationen Experten zur Überprüfung vorgelegt werden könne, wird fraglos angenommen. Der Zweck anthropologischer Wissenschaft besteht, in den Augen von Wilson und vielen weiteren, die wie er denken, lediglich darin, die materielle Ernte einzubringen, womit sich eine naturwissenschaftliche Erzählung ausstaffieren ließe. Dieses Narrativ von der Evolution durch Variation und Selektion ist für sie unbestritten. Man muss einfach daran glauben. Anderer Leute Überzeugungen mögen für eine evolutionistische Erklärung von Nutzen sein, aber der Glaube an die Evolution ist sakrosankt. Genau genommen ist das nicht Naturwissenschaft, sondern Szientismus. Naturwissenschaft ist ein reicher Fleckenteppich an Wissen, das in einer erstaunlichen Formenvielfalt daherkommt. Der Szientismus ist eine Doktrin, ein System von Vorstellungen, gegründet auf der Behauptung, dass wissenschaftliche Erkenntnis nur eine Form annimmt und diese Form einen konkurrenzlosen und allgemein gültigen Anspruch auf Wahrheit hat. Die Anthropologie muss mit der Naturwissenschaft keine Probleme haben. Aber bezüglich des Szientismus hat sie Anlass zum Protest. Aber dazu ist es notwendig, dass sie gehört wird. Gegenwärtig stellen sich den Anthropologen drei Hindernisse in den Weg, die sie großteils selbst zu verantworten haben.

Das erste Hindernis liegt in der Selbstdarstellung der Anthropologie als Disziplin, die für Kultur zuständig ist. Zugegeben: Nicht alle Anthropologen präsentieren ihren Gegenstand auf diese Weise, aber viele tun es. Als Strategie ist das selbstmörderisch. Es versteht sich für jedes Fach, seinen eigenen Geltungsbereich abzustecken, und wenn Geografen den Raum, Psychologen die Seele, Biologen das Leben und Soziologen die Gesellschaft haben, warum sollten Anthropologen nicht auf die Kultur Ansprüche anmelden? Das Problem liegt darin, dass in einem kapitalistischen System, in der die Wirtschaft uneingeschränkt herrscht – in dem das menschliche Gedeihen vom Funktionieren des Marktes abhängen soll, der wiederum als die Grundlage von Gesellschaft und Staat auftritt –, die Kultur wie das Sahnehäubchen auf dem Kuchen erscheint. Zusammen mit dem Tourismus, der Unterhaltungsindustrie und dem Sport verwandelt die Kultur in einem solchen System anderer Leute Bemühungen in Waren für unseren Konsum und unsere Befriedigung. Sie ist ein aus dem Überfluss geborener Luxus und verschwindet deshalb in einer Austeritätskrise als Erstes. Weil sie sich so oft als Gelehrte präsentieren, die mit Kultur befasst sind, bitten Anthropologen geradezu um ihre Marginalisierung, besonders in harten Zeiten. Heutzutage sind sie sich dessen zusehends bewusst, und so lassen viele Anthropologen das gefürchtete „Kultur"-Wort weg oder geben sich Mühe, es zu vermeiden. In der Tat ist es eine der Ironien unserer Gegenwart, dass die Anthropologie den Kulturbegriff gerade zu einem Zeitpunkt loszuwerden sucht, da viele andere Fächer, die lange Zeit blind und taub waren, was die menschliche Mannigfaltigkeit angeht, schließlich damit anfangen, ihn zu übernehmen. Aber wenn die Anthropologie ihren Einsatz in Sachen Kultur aufgibt, was sonst kann sie tun? Diese Frage steht in Zusammenhang mit einer zentralen Frage, der ich mich kurz widmen werde: Was bedeutet in der akademischen Welt der Terminus „Fach" oder „Disziplin"?

Das zweite Hindernis besteht in den Schwierigkeiten, die die Anthropologie mit dem Relativismus hat. Eine Stellungnahme mit dem Titel „Warum die Anthropologie wichtig ist", 2015 vom Exekutivkomitee der European Association of Social Anthropologists (EASA) vorgelegt, bestimmt den Kulturrelativismus als Schlüsselkomponente anthropologischer Kompetenz.[2] Es ist dies die Auffassung, dass die Menschen einer Kultur ihre Handlungen nach eigener Einsicht beurteilen, dass diese Beurteilungen einer inneren Logik oder eigenen Rationalität folgen und dass auf einer absoluten, kulturfreien Werteskala keine besser oder schlechter eingestuft werden könne. Eine andere, weniger großzügige Art der Formulierung wäre die Aussage, dass für die Anthropologie alles möglich ist, dass menschliches Verhalten – selbst in seiner groteskesten und abscheulichsten Ausprägung – immer aus dem Grund entschuldigt werden könne, dass es „Teil der Kultur" sei. Anthropologen haben sich bekanntermaßen als zweideutig erwiesen, wenn es zum Beispiel um die Idee universeller Menschenrechte geht, wenn sie klarstellten, dass diese auf Vorstellungen von individuellen Rechtsansprüchen, Würde und was es bedeutet, Mensch zu sein, beruhten, Ideen, die eine besondere Geschichte in der westlichen Welt hätten; für die Menschen, bei denen die Anthropologen ihrer Arbeit nachgehen, ergäben sie oft wenig Sinn. Doch wie kann, so sagen die Anthropologiekritiker, irgendwer die Verlautbarungen eines Fachs ernst nehmen, das sich zu keiner eigenen moralischen Orientierung bekennt? Ein kompromissloser Relativismus wäre in der Tat unhaltbar, denn wenn alle so in ihren Kulturwelten eingeschlossen wären, wäre kein Gespräch möglich, und die Anthropologen würden auf der Straße stehen. Jedoch besteht die Alternative nicht darin, Universalien eigener Erfindung geltend zu machen, sondern das Gespräch in einem zugleich großzügigen wie kritischen Geist wieder aufzunehmen.

Eine weitere, in dem EASA-Dokument näher bestimmte Komponente anthropologischer Kompetenz ist die „Ethnografie". Für das Komitee heißt Ethnografie teilnehmende Beobachtung. Es hält sie für identisch. Ich bin bereits in Kapitel 1 auf diese Verwechslung eingegangen und sehe darin den dritten Hindernisgrund dafür, dass die Stimmen von Anthropologen richtig gehört werden. Denn die Ethnografie verbiegt die teilnehmende Beobachtung zum Selbstzweck, um das Leben anderer Menschen in einem Bericht zusammenzufassen, sei es in schriftlicher Form oder durch filmische Wiedergabe oder mittels anderer grafischer Medien. Gute Ethnografie ist einfühlsam, kontextuell differenziert, detailreich und in Bezug auf die Darstellung verlässlich. Das sind bewundernswerte Qualitäten. Aber sie beschränken den Ethnografen, der nicht versteckt, aber doch am Rand bleibt, und ermöglichen es den Menschen und ihren Aussagen, im Zentrum der Aufmerksamkeit zu stehen. Es ist ihre Show, nicht die des Ethnografen, auch wenn sie ihm oder ihr die schriftliche Ausführung verdanken. Nun, wenn das alles wäre, was es mit der Anthropologie auf sich hat – falls die Anthropologie, wie so viele meinen, mit der Ethnografie einen Vertrag geschlossen hat –, dann könnte man verstehen, dass fachfremde Personen zu dem Schluss kommen, Anthropologen hätten nichts zu ihrem eigenen Besten zu sagen, und dass ihre Rolle lediglich darin besteht, die Daten über „andere Kulturen" zu liefern, die die Öffentlichkeit von ihnen erwartet. Man könnte in der Anthropologie sogar so etwas wie erstklassigen Journalismus sehen, gekennzeichnet durch eine außergewöhnlich reiche Stofffülle, wie sie nur durch ein tiefes und langfristiges Eintauchen in die Materie zu gewinnen ist. Tatsächlich sind Ethnografen derzeit rund um die Welt als eingebettete Reporter tätig, die Beobachtungen und Analysen aus dem Feld zurückschicken, als ob dies an sich schon einer anthropologischen Praxis gleichkäme.

Aber die Aufgabe der Anthropologie ist meiner Ansicht nach eine ganz andere. Sie besteht darin, auf das zurückzugreifen, was wir durch unsere Ausbildung bei anderen Menschen lernen, um Vermutungen anzustellen, welcher Art die Bedingungen und Möglichkeiten des Lebens sein könnten. Als Anthropologen sollten wir, wie ich glaube, die Freiheit zu spekulieren, zu sagen, was *wir* denken, in Ehren halten, ohne vorzutäuschen, dass unsere Worte tatsächlich die Quintessenz aus den Anschauungen der Menschen wiedergeben, bei denen wir unsere Untersuchungen gemacht haben. Natürlich könnten wir ohne diese Forschungen all das nicht sagen, was wir vorbringen. Aber es ist nicht an uns, im Namen unserer Lehrer zu sprechen. Wir sprechen mit *unseren* Herzen und *unserem* Verstand, nicht ihren, und es ist unredlich, etwas anderes vorzutäuschen. Dank der reichen menschlichen Erfahrung, mit der wir aufwarten können, haben wir Anthropologen enorm wichtige Dinge zu sagen. Wir müssen nur zur Stelle sein, um sie zu äußern. Wenn wir das nicht sind, werden andere mit weniger Toleranz und chauvinistischeren Neigungen sich beeilen, die Lücke zu schließen. Die Vertreter welch einer anderen Disziplin würden schließlich auf das Privileg verzichten, ihre fachliche Meinung zu sagen? Wenn sie mit eigener Stimme sprechen können, können wir das auch. Sobald überdies die Ziele der Anthropologie von denen der Ethnografie abgekoppelt sind, eröffnen sich der Anthropologie Möglichkeiten aller Art, sich in das Gespräch einzuschalten, zum Beispiel durch Aktivitäten im Bereich der Kunst, des Designs, des Theaters, von Tanz und Musik, ganz zu schweigen von der Architektur, Museumskunde und vergleichenden Geschichte. Eine erfolgreiche Zusammenarbeit mit Fachleuten auf diesen Gebieten hängt klipp und klar von der Erkenntnis ab, dass unser Tun *keine* Ethnografie ist.

Selbst wenn wir die oben dargelegten Hindernisse ignorieren, so hat die Anthropologie noch immer einen Berg vor sich, den es zu überwinden gilt, um die Missverständnisse aus der Welt zu schaffen, die ihr Bild in der Öffentlichkeit verzerren. Populäre Stereotype überwiegen. Eines davon betrifft den unerschrockenen Fossilienjäger, der entschlossen ist, Funde zu Tage zu fördern, die die Geschichte der Abstammung des Menschen revolutionieren werden – selbst wenn er dazu Fälschungen platzieren muss, um seine Kollegen hinters Licht zu führen. Es dauerte vier Jahrzehnte, bis der 1912 in einer Kiesgrube in Sussex „entdeckte" Piltdown-Mensch sich als Schwindel herausstellte. Die Identität des Fälschers ist bis heute nicht bekannt, aber ein Hauptverdächtiger ist uns bereits in Kapitel 3 begegnet: kein anderer als Sir Arthur Keith, der 1938 einen Gedenkstein für den Fund und seinen „Entdecker", einen gewissen Charles Dawson, enthüllte. Bilder der Kreatur, die *Eoanthropus dawsoni* getauft wurde – auffallend stark behaart, Speer in der einen und Steinaxt in der anderen Hand – schmückten lange Zeit die Seiten populärer Zeitschriften. Wie passend, dass das fehlende Bindeglied zwischen Menschenaffe und Mensch im Herzen Englands ruhte! Für jene, die mit der modernen Ursprungsmythe großgeworden sind – dass in einem großmächtigen Augenblick in der Vergangenheit unsere genialen Vorfahren die Fesseln der Natur zerrissen, um ihren unaufhaltsamen zivilisatorischen Aufstieg zu beginnen –, bleibt die Entdeckung der ersten Menschen ein Thema von anhaltender Faszination. Die gegenwärtig favorisierte Out-of-Africa-Hypothese lässt einen Typ höherer Lebewesen sich von seiner afrikanischen Wiege aus in alle Welt zerstreuen, um diese zu kolonisieren. Es ist eine Hypothese, die in auffälliger Weise der Geschichte der kolonialen Eroberung durch weiße Europäer ähnelt, die von Darwin und seinen Zeitgenossen gutgeheißen wurde. Die Geschichte mag völlig umgekrempelt worden sein, ist aber strukturell die gleiche: Eine dominante Rasse, ausgestattet mit überlegener Intelligenz, verdrängt den Rest.

Das andere Extrem wird durch den Anthropologen verkörpert, der sich auf ein vergebliches Unterfangen eingelassen hat: Kulturen zu entdecken, die noch unverdorben sind vom Kontakt mit der Zivilisation. In einem Cartoon von 1984, aus Gary Larsons *The Far Side*, wurde das bravourös parodiert. Drei indigene Gentlemen befinden sich zuhause. Sie erspähen näherkommende Besucher, worauf einer von ihnen warnend ausruft: „Anthropologen! Anthropologen!“ Die beiden anderen schaffen eilends ihre Sachen weg, darunter Fernseher, Videorecorder, Telefon und elektrisches Licht. Die Anthropologen des Cartoons halten Ausschau nach authentischer Andersartigkeit, aber ihre Suche ist hoffnungslos, da die Leute bereits fröhlich die Vergünstigungen der Zivilisation genießen. Hier und auch in vielen Filmen und Romanen wird der Anthropologe als eine Witzfigur verspottet; von den Eingeborenen getäuscht fällt er auf deren Scharade herein. In einer bekannten Parodie versuchte der nordamerikanische Anthropologe Horace Miner 1956 auf seine Art den Spieß umzudrehen. Sein Aufsatz mit dem Titel „Body Ritual among the Nacirema“ beschrieb einen rückständigen nordamerikanischen Stamm mit einer noch wenig bekannten Kultur, zu dessen Ritualen das tägliche Einführen gebündelter, mit magischem Pulver beschmierter Schweinsborsten in den Mund und der jährliche Besuch bei heiligen Mundmännern gehörte.[3] Ferner hatten die Nacirema Tempel als Heilstätten, die unter dem Namen *latipso* bekannt waren, wo grausige Riten an kränklichen Eingeborenen durchgeführt wurden, von denen viele nicht mehr zurückkehrten. Es ist schwer zu verstehen, so Miner abschließend, wie ein so von Magie beherrschtes Volk so lange Zeit existieren konnte. Denn im Kontext des Authentizitätsmythus stehen ursprüngliche Völker immer kurz vor dem Verschwinden, da ihre traditionelle Lebensweise, in einer sich wiederholenden Gegenwart verfangen, vom linearen Gleichschritt des Fortschritts überholt wird.

Diese Stereotype des Anthropologen, der entweder ein Schurke ist oder ein Narr, und die Ursprungs- bzw. Authentizitätsmythen, auf die sie sich gründen, sind nur schwer abzuschütteln. In den Medien wetteifern fossile Schädel mit Darstellungen von Stammesangehörigen in traditioneller oder gar keiner Kleidung um Aufmerksamkeit und laden damit den Zuschauer ein, das Gegenwärtig-Exotische mit dem Angestammt-Vergangenen zu vergleichen, indes Popularisatoren ohne anthropologische Kenntnisse oder Ausbildung, aber mit einer gewissen Erfahrung, was das Leben unter fernen Völkern angeht, eifrig darauf bedacht sind, sich als Anthropologen zu präsentieren und weitverbreitete Fiktionen über die Conditio humana zu verhökern, als wären es die Früchte wissenschaftlicher Forschung. Ihre Bücher sind Bestseller. Falls Berufsanthropologen sich die Freiheit herausnehmen zu widersprechen, ist die Presse nur zu glücklich und präsentiert ihre Einwände als neidische Schlechtmacherei oder internes Gerangel unter Akademikern. Kein Wunder, dass viele Akademiker das Gefühl haben, sie hätten schlechte Karten, ein Gefühl, wie es ebenso oft auch die Menschen haben, bei denen sie forschen.

Um die Chancen zu unseren Gunsten zu verbessern, müssen wir meines Erachtens nach drei Dinge ändern. Zuerst gilt es anstatt einer Ansammlung von Teilbereichen, wie wir sie haben, die Anthropologie wieder als Einzeldisziplin zu etablieren. Zum Zweiten müssen wir eine neue Vereinbarung zwischen Anthropologen soziokultureller und Anthropologen biophysischer Einstellung erreichen, deren aktueller Antagonismus das Fach zu zerreißen droht, und dies bedeutet, die Zwillingsgespenster von Kultur und Rasse miteinander zu konfrontieren. Drittens soll gezeigt werden, wie eine künftige Anthropologie, die spekulativ und experimentell, zugleich aber auch deskriptiv und analytisch ist, das Potenzial zur Lebensumgestaltung haben könnte. Im Rest des Kapitels werde ich mich der Reihe nach mit jeder dieser Ambitionen befassen.

Vor einigen Jahren hatte ich die Gelegenheit, hier an der Universität Aberdeen einen neuen Studiengang für Anthropologie zu entwickeln. Als er Gestalt anzunehmen begann, mussten wir uns entscheiden, wie wir ihn nennen wollten. Sollte er unter dem Namen „Sozialanthropologie" oder einfach als „Anthropologie" laufen? Von der Ausbildung her waren ich und meine Kollegen Sozialanthropologen. Dennoch entschieden wir uns für „Anthropologie". Ein banaler, aber nicht unerheblicher Grund war, dass Anthropologie mit A beginnt. Wie könnte man in dieser Zeit der Drop-down-Menüs, wo alles in alphabetischer Reihenfolge angeordnet ist, besser signalisieren, dass die Anthropologie zählt, als sie an den Anfang der Liste zu setzen! Es gab jedoch noch einen anderen, bedeutsameren Grund. Es war die Überzeugung, dass das Studienprogramm, das wir auszuarbeiten und unseren Studenten vorzulegen trachteten, ein eigenständiges Fach sein sollte und keine spezialisierte Unterabteilung von etwas Größerem, und dass das Interesse dem menschlichen Leben insgesamt gelten sollte und nicht einer speziellen Facette. Dies warf jedoch die Frage auf, was es bedeutete, ein Feld wie die Anthropologie überhaupt als „Fach“ oder „Disziplin“ zu bezeichnen. Falls es, wie ich gefolgert habe, eher eine Art des Forschens mit Menschen ist als über sie, wie kann sie dann irgendein intellektuelles Territorium für sich allein beanspruchen? Insofern als sie jeden so gearteten Anspruch ablehnt, könnte man die Anthropologie wahrhaftig als Antidisziplin bezeichnen. Denn sie wird mit der Art von intellektuellem Kolonialismus nichts zu schaffen haben, der die Welt des Wissens in einzelne, von den jeweiligen Fächern dominierte Parzellen aufteilt.

Aber es gibt noch eine andere Möglichkeit, sich die Disziplin vorzustellen, und sie wirft ein besseres Licht auf die anthropologische Praxis. Indem man sie als Gespräch begreift und die Gesprächsteilnehmer als eine Gemeinschaft von Gelehrten. Was wir in Kapitel 2 ganz allgemein über Gemeinschaften gelernt haben, träfe im Besonderen dann auf die Studienfächer zu. Die Menschen sind darin eher durch ihre Differenzen verbunden, als dass sie sich zur Verteidigung eines gemeinsamen Territoriums zusammengeschlossen haben. Aus diesem Grund ist es nicht Aufgabe der Anthropologe, exklusive Ansprüche an die Kultur oder etwas anderes anzumelden. Die Landschaft der Wissenschaft ist wie die des gesellschaftlichen Lebens selbst kontinuierlich. Die Anthropologen folgen dabei ihren Nasen, sie erschnüffeln vielversprechende Auskunftsquellen und Forschungsansätze. Sie sind wie Jäger auf der Fährte. Zu jagen erfordert, von dem Tier zu träumen; ihm unter die Haut zu gehen, um so zu empfinden, wie es empfindet; es von innen heraus zu kennen. Und man muss genau auf das Drumherum aufpassen und was es einem zu sagen hat. Das gilt auch für die Anthropologie: In ihr geht es darum, dass man seinen Träumen folgt, der Welt unter die Haut geht, etwas von innen heraus zu kennen und aus Beobachtungen zu lernen. Die Anthropologie legt also ein Durcheinander von Fährten, wie es Jäger tun, durch eine Landschaft menschlicher Erfahrungen.

Die jüngste Vermehrung von Anthropologien – Medizinische Anthropologen, Visuelle Anthropologen, Umweltanthropologen, Kognitive Anthropologen und so weiter –, von denen wir einige schon in Kapitel 3 aufgelistet haben, deutet somit nicht auf die Fragmentierung des Faches hin, bietet doch jede eine gewisse Möglichkeit, einen Weg in dem Durcheinander zu finden. Und nur wenn man allen Fährten durch eine kontinuierliche Landschaft folgt und sie miteinander verknüpft, verbinden sich diese zu einem Gespräch.

Es war in diesem Geist, dass wir beschlossen, in unserem Studienprogramm den Menschen von allen Seiten zu thematisieren. Der Leim, der die Anthropologie zusammenhält, darauf beharrten wir, ist die einheitliche Erfahrung. Anthropologen bringen diese Einheit oft durch das Konzept des Holismus zum Ausdruck. Damit meinen sie, dass es Aufgabe der Anthropologie ist, ihr Augenmerk auf die Verflechtung solcher Aspekte des Lebens zu richten, die ansonsten zwischen verschiedenen Disziplinen zum Zwecke von Spezialuntersuchungen aufgeteilt werden. Dementsprechend könnten die Wirtschaftswissenschaftler den Markt studieren, die Politikwissenschaftler den Staat und die Theologen die Kirche, Anthropologen hingegen machten sich daran zu zeigen, wie Markt, Staat und Kirche in der Erfahrung der Menschen einander durchdringen. In ähnlicher Weise weigern wir uns zu akzeptieren, dass das menschliche Leben in die Schichten von Körper, Geist und Gesellschaft zerlegt oder dass sein Studium zwischen Biologen, Psychologen und Soziologen aufgeteilt werden kann. Gegenstand der Anthropologie ist das menschliche Leben – unaufgeschnitten. Eine klassische Stellungnahme zu dieser Position kam von Marcel Mauss, einer Gründerfigur der französischen Ethnologie, in einem Aufsatz über Körpertechniken von 1934. Sich nur auf die biologischen und soziologischen Aspekte des Menschenlebens zu konzentrieren, reiche nicht aus, behauptete Mauss, da es das weglasse, was er den „psychologischen Vermittler" nannte. Der Geist interveniert notwendigerweise zwischen Körper und Gesellschaft. Wir bräuchten, so erklärte er, eine „dreifache Betrachtungsweise, die des ‚totalen Menschen' ".[4] Diese Idee der Totalität birgt jedoch ihre Gefahren. Denn sie setzt einen kompletten Menschen voraus, dessen gesamte Existenz darin eingeschlossen und enthalten wäre. Aber ohne lose Enden kann es mit dem Leben nicht weitergehen. Es muss jederzeit freikommen. Holismus und Totalisierung sind also nicht das Gleiche, denn mit Ersterem meinen wir eher des Lebens Unendlichkeit als die Finalität eines integrierten Daseins.

Kurzum: Anthropologie ist eine Disziplin, die dadurch erfolgreich ist, dass sie in den Lebensprozess eintritt und diesen dann begleitet. Dies hilft vielleicht eine Frage beantworten, die häufig von Studenten gestellt wird, die neu auf dem Gebiet sind. Wie unterscheidet sich die Anthropologie von der Soziologie? Manche mögen antworten: gar nicht. Erinnern wir uns, dass für Radcliffe-Brown die Anthropologie ein Zweig der Soziologie war, bestimmt durch ihren Blick auf einst einfach, überschaubar und traditionell genannte Gesellschaften. Diese Abgrenzung ist heute nicht mehr anwendbar. Heutzutage ist es für Anthropologen genauso üblich, zuhause zu arbeiten wie in der Fremde, in großstädtischen Zentren wie in ländlichen Randgebieten. Soziologen haben ihrerseits die Ethnografie ihrem Arsenal an Untersuchungsmethoden hinzugefügt und vermischen in ihren Analysen qualitative und quantitative Daten. In vielen Universitätsinstituten und Studiengängen bilden Soziologie und Anthropologie eine problemlose Einheit. Und doch verspüren viele Anthropologen, mich selbst eingeschlossen, nach wie vor einen tiefgreifenden Unterschied zwischen den beiden Fächern. Auch wenn eine nähere Bestimmung schwerfällt, hat es meines Erachtens mit der fortdauernden Hinterlassenschaft jenes großen Experiments aus der Mitte des 20. Jahrhunderts zu tun, das unter dem Namen „Sozialwissenschaft" bekannt ist. Es war ein Experiment, das auf Versprechungen basierte, wonach gesellschaftliche Fakten, einem exakten wissenschaftlichen Verständnis unterworfen, mit der gleichen Objektivität und Autorität wie der der Natur aufgezeichnet und analysiert werden könnten. Dieses Versprechen war in einem einzigen Wort zusammengefasst: „Positivismus". In der Folgezeit wurde die Entwicklung der Sozialwissenschaft von endlosen Auseinandersetzungen zwischen Verfechtern des Positivismus und seinen Gegnern begleitet. Und in der Hitze dieser Auseinandersetzungen bildete sich das Fach Soziologie in seiner modernen Gestalt heraus.

Bei alldem blieb die Anthropologie jedoch Zuschauer. Bereits in einen naturwissenschaftlichen und einen humanistischen bzw. biophysischen und soziokulturellen Flügel zweigeteilt, hatte sie wenig in ein Projekt einzubringen, das sich darum bemühte, dem Studium sozialer Phänomene naturwissenschaftliche Methoden hinzuzufügen. Radcliffe-Browns Vorhaben, die Sozialanthropologie als – wie er es nannte – eine „Naturwissenschaft der Gesellschaft" zu etablieren, nahm nie wirklich Gestalt an. Statt sich der positivistischen Naturwissenschaft anzuschließen, wandten sich Anthropologen mit sozialer und kultureller Tendenz, wenn sie Anregungen suchten, in zunehmendem Maße anderen humanwissenschaftlichen Vorgehensweisen zu, der Geschichte, Philosophie, der Vergleichenden Religionswissenschaft und Sprach- und Literaturstudien. Auch konnten sich soziokulturelle Anthropologen nie ganz mit der Art und Weise versöhnen, in der die Ethnografie – *ihr* Ausdruck, mit dem sie in Wirklichkeit die teilnehmende Beobachtung meinten – von den Soziologen und anderen Sozialwissenschaftlern in Beschlag genommen worden war, um damit beinahe alle Befragungs- oder Interviewtechniken zur qualitativen Datenerhebung abzudecken, selbst wenn tatsächlich keine Teilhabe oder teilnehmende Beobachtung involviert war. Heute hat sich das sozialwissenschaftliche Projekt weitgehend selbst verausgabt, gelähmt durch seine bleibende Bindung an einen Positivismus – selbst von den „härteren" Naturwissenschaften längst aufgegeben – und durch unlösbare Debatten über die bloße Möglichkeit objektiver Untersuchungen hinsichtlich der Formen menschlichen Lebens. Es überlebt, ist aber wenig mehr als ein Zusammenschluss von Fächern, von den Wirtschaftswissenschaften und der Betriebswirtschaftslehre bis zur Pädagogik und Sozialpsychologie; hinter dieser Ansammlung steht mehr die verwaltungstechnische Zweckmäßigkeit als eine irgendwie zu begründende intellektuelle Stimmigkeit. Selbst wenn sie formal als Sozialwissenschaft klassifiziert wird, nimmt die Anthropologie dort nur eine unsichere Position ein. Ich glaube, dass die Zukunft des Fachs woanders liegt, in der zeitgenössischen Annäherung der Naturwissenschaft an die Kunst.

Wir können uns diesem Zusammentreffen jedoch erst zuwenden, sobald wir uns zwei inneren Dämonen gestellt haben, die bestehen bleiben und exorziert werden müssen, wenn die Anthropologie überhaupt eine Zukunft haben soll. Es sind die Dämonen der Rasse und Kultur. Manchmal bezichtigt man die Anthropologen, sie würden sich unaufhörlich um die Bedeutungen von Wörtern sorgen, während sie sich mit bodenständigen Fakten auseinandersetzen sollten. Aber jedem, der der Meinung ist, dass Wörter nicht zählen, sollten die Beispiele „Rasse" und „Kultur" zu denken geben. „Der Rassenbegriff hat," wie der US-amerikanische Anthropologe Eric Wolf einmal sagte, „den Vorsitz über Mord und Völkermord geführt."[5] Wolf schrieb Anfang der 1990er Jahre, als der Balkankrieg auf seinem Höhepunkt war und ganze Gemeinden in „ethnischen Reinigungs"-Aktionen ausgelöscht wurden. Hier lieferte Kultur, nicht Rasse, das Motiv für das Massaker, aber für die Betroffenen waren die Folgen nicht weniger verheerend.

Welche Leitgedanken verbinden sich demnach in den Konzepten von Rasse und Kultur und machen aus ihnen so latent explosive Massenvernichtungswaffen? Es sind zwei, Essentialismus und Vererbung, jeder für sich harmlos, aber zusammengenommen tödlich. Essentialismus ist der Glaubenssatz – wir sind bereits in Kapitel 2 kurz darauf eingegangen –, dass eine Gruppe grundsätzlich dadurch definiert wird, dass ihre Mitglieder bestimmte Eigenschaften gemein haben. Vererbung ist das Prinzip, wonach diese Attribute Empfängern in jeder Generation beschert werden, unabhängig von ihrem Leben in der Welt und diesem vorausgehend. Die Mechanismen der Vererbung mögen genetisch oder nachahmend sein, die Eigenschaften angeboren oder erworben. Die Logik ist für beide dieselbe. Und eng verbunden mit essentialistischem Denken, bleibt diese Logik tief in der anthropologischen Verfasstheit eingebettet.

Anthropologen haben sich zweier Methoden bedient, um ihr Fach vom rassischen Denken zu befreien. Die erste, auf die ich bereits zu sprechen gekommen bin, bestand darin, den gegenwärtigen Menschen genauer zu klassifizieren: statt Art nur noch Unterart. Doch weit entfernt, dem Konzept der Rasse abzuschwören, bekräftigt die Aussage, alle Menschen gehören zu einer einzigen Unterart, dieses Konzept. Es heißt nicht nur, dass es das gibt, Rasse, sondern dass in früher Vorgeschichte tatsächlich verschiedene Menschenrassen existierten. So wird die Geschichte erzählt, wie Vorfahren unserer Art auf Kosten der eingeborenen Neandertaler-Bevölkerung, Menschen einer anderen Unterart, den europäischen Kontinent überfluteten. Die unseligen Neandertaler sollen vor etwa vierzigtausend Jahren ausgestorben sein, sie hatten aber vorher viele Jahrtausende lang Seite an Seite mit Menschen unserer Art gelebt und sich sogar mit ihnen vermischt. Hätten wir im Paläolithikum gelebt, wäre es damals vertretbar gewesen, von Menschenrassen zu sprechen? Es wird noch immer weithin geglaubt, dass unsere Vorfahren sich letztlich durchsetzten, weil sie Eigenschaften besaßen, die allen modernen Menschen gemeinsam sind, unseren Mitbewerbern aber abgingen, Eigenschaften, die seither in unseren Genen abgespeichert sind. Diese Mischung aus Essentialismus und Vererbungslehre wird auch nicht durch die zweite Methode erschüttert, mit deren Hilfe Anthropologen versucht haben, die Geißel rassischen Denkens aus der Welt zu schaffen, indem sie Vererbung durch Erbe ersetzten. Die Menschen, so behaupten sie, unterscheiden sich nicht rassisch, sondern kulturell. Aber die Argumentation, die Anthropologen dazu bringt, die Existenz separater Kulturen zu verfechten, würde, auf eine genetisch vererbte Variation angewandt, umgehend das Rasse-Konzept wieder aufleben lassen.

Kurz und gut, in ihrem Eifer, die Wissenschaft von den Rassen ad acta zu legen, haben es die Anthropologen fertiggebracht, genau jene Prinzipien zu reproduzieren, die sie überhaupt erst haben entstehen lassen. Um einschätzen zu können, wie es dazu kam, müssen wir zu dem zurückkehren, was der Physischen und der Kulturanthropologie ihre unterschiedlichen Richtungen vorgab. Ursprünglich von Kroeber aus seinem Aufsatz über „das Überorganische" von 1917 stammend, behauptete sich die völlige Unabhängigkeit biologischer und kultureller Variation, was dazu führte, dass beide Bereiche auch jeweils mehr oder weniger unabhängige Studienrichtungen hervorbrachten. Wie wir in Kapitel 3 gesehen haben, kam diese Regelung auf der kulturellen Seite früher zum Tragen als auf der biologischen, wodurch sich im Kontext der Physischen Anthropologie in der Zeit bis zum Ende des 2. Weltkriegs eine explizit rassebezogene Wissenschaft entfalten konnte. Aber heimgesucht vom Rassismus, der ihre Disziplin in den Zwischenkriegsjahren so entstellt hatte, konnten sich Anthropologen der Nachkriegsära nicht mehr zu dem Zugeständnis durchringen, dass kulturelle Unterschiede selbst biologisch sein mochten. Der Gedanke war buchstäblich undenkbar. Dieser Konsens wurde in einem „Statement zum Konzept der Rasse“ bekräftigt, das 1996 von der American Association of Physical Anthropologists (AAPA) abgegeben wurde.[6] Die Erklärung beginnt mit der Versicherung, dass „es zwischen biologischen Merkmalen und kulturell definierten Gruppen keine notwendige Übereinstimmung gibt“, und schließt, dass „es nicht gerechtfertigt ist, kulturelle Merkmale der Beeinflussung durch genetische Vererbung zuzuschreiben.“ Diese Worte lohnen die Aufmerksamkeit, denn sie enthalten den Keim eben jenes Denkens, dessen Widerlegung von dem Statement geltend gemacht wird. Es ist die Zuordnung der „biologischen Merkmale“, wie sie eingangs genannt werden, zu dem, was zum Schluss „genetische Vererbung“ heißt.

Der wahre Ursprung des Problems liegt nicht – wie Kroeber glaubte und wie es von der AAPA wiederholt wurde – in der Verwechslung von kulturellen mit biologischen Merkmalen. Er liegt darin, dass biologische Merkmale vererbten Genen zugeordnet werden. Und diese Zuordnung steht auch weiterhin im Zentrum evolutionistischer Denkansätze, die behaupten, die jeweils „biologischen“ und „kulturellen“ Komponenten menschlicher Variation auszusortieren und jeden Menschen als hybride Verbindung der beiden zu betrachten. Theorien der biokulturellen Evolution, die auf dem Gedanken einer dualen oder „zweigleisigen“ Vererbung beruhen – einerseits genetische Replikation, andererseits deren auf Lernprozessen basierende Entsprechung –, erhalten nach wie vor populäre Unterstützung. Aber diese Theorien sind, wie wir in Kapitel 2 gesehen haben, grundsätzlich zirkulär und setzen die Folgen der ontogenetischen Entwicklung als deren Ursachen voraus. Es ist die Logik der Vererbung, die den Kreis zu schließen vorgibt, indem sie die Eigenschaften des sich entwickelnden Organismus vor den Prozessen ansetzt, denen sich diese Eigenschaften verdanken. Die Vererbung dient hier als logische Abkürzung, die den Weg der Entwicklung umgeht. Dieser Weg weist jedoch die Richtung zu einer neuen Regelung, die auf der Prämisse beruht, dass biologische Eigenschaften *ihrerseits in kultureller Hinsicht differenziert sind*. Was für die Anthropologie des zwanzigsten Jahrhunderts unvorstellbar war, dass kulturelle und biologische Variationen übereinstimmen, erscheint für die Anthropologie des einundzwanzigsten als grundlegend. Erhärtet wird dies in Neuroplastizitätsstudien, die die erfahrungsbedingte Formbarkeit des sich entwickelnden Gehirns demonstrieren, in Untersuchungen darüber, wie Bewegung den Körper und die sinnliche Wahrnehmung trainiert, und sogar in Anatomiestudien, die die Auswirkungen von Ernährung und körperlicher Aktivität auf das Wachstum des Skeletts offenbaren.

Indem wir den Umstand der biologischen Variation von den Fesseln der genetischen Vererbung und die Gegebenheit kultureller Differenz vom Joch des traditionellen Erbes befreien, können wir die Dämonen von Rasse und Kultur endlich zu Grabe tragen. Die Menschheit kann nicht in separate Rassen unterteilt werden und dies aus genau dem gleichen Grund, warum sie nicht in separate Kulturen aufgeteilt werden kann. Der Grund liegt in der Geschichte. Menschen als Akteure der Geschichte sind schon immer die Produzenten ihres Lebens gewesen. Darüber hinaus ist diese Geschichte Teil eines Lebensprozesses, der in der gesamten organischen Welt vor sich geht. Man kann den Prozess Evolution nennen, wenn man will, aber es ist nicht das, was die meisten Studierenden der Evolutionsanthropologie unter diesem Begriff verstehen. Wenn man zurückschaut, ist es eine Tragödie der Anthropologie, dass die Bedingungen des Austauschs zwischen dem soziokulturellen und dem biophysischen Flügel des Fachs durch ein Evolutionsparadigma festgelegt worden sind, das in einer engstirnigen darwinistischen Terminologie abgefasst war. In seiner gegenwärtigen neo-darwinistischen Verkörperung ist das Paradigma sowohl kompromisslos, was seine Fokussierung auf das Vererbungskalkül angeht, als auch unduldsam gegen jede Kritik. Für Anthropologen stellt es eine Sackgasse vor. Theoretiker, die reale Menschen behandeln würden, als wären sie nicht mehr als karikaturhafte Animationen ihrer ererbten Merkmale, haben sich in eigenem Einvernehmen von dem Gespräch ausgeschlossen. In einer zukünftigen Anthropologie, die behauptet, andere ernst zu nehmen, können sie keine Rolle spielen. Eine der großen auf uns zukommenden Herausforderungen der Anthropologie wird meines Erachtens eine Grundlagenverschiebung in der Evolutionslehre sein. Wie bei einem Supertanker auf hoher See wird eine Kehrtwendung nur langsam vonstattengehen. Aber eine Umkehr wird es geben. Wenn es so weit ist, wird die Anthropologie schließlich ihre Einheit im Reichtum und in der Unteilbarkeit der menschlichen Erfahrung wiederfinden.

Wird diese Anthropologie mithin Wissenschaft oder Kunst sein? Weiter oben verglich ich den Anthropologen mit einem Jäger: einem Träumer, einem, der den Wegen des Lebens folgt, von der Beobachtung lernt und den Dingen unter die Haut geht, um sie von innen kennenzulernen. Es ist wohl die Rolle der Kunst, das Gleiche zu tun: unsere Sinne wiederzuerwecken, zuzulassen, dass die Erkenntnis aus dem Innern des Seins erwächst, während das Leben sich entfaltet. Wie der anthropologischste unter den Künstlern, Paul Klee, in seiner „Schöpferischen Konfession" von 1920 erklärte: „Kunst gibt nicht das Sichtbare wieder, sondern macht sichtbar."[7] Klees Maxime trifft mit gleicher Wucht auf die Anthropologie zu. Es ist weder die Aufgabe der Kunst noch die der Anthropologie, der Welt einen Spiegel vorzuhalten. Es geht vielmehr darum, in Beziehungen und Prozesse in ihrer Hervorbringung weltlicher Dinge einzutreten und sie so ins Feld unserer Wahrnehmung zu bringen. Und wie die Kunst muss die Anthropologie nicht nur beschreibend und analysierend den Dingen, wie sie sind, verbunden sein. Auch sie kann experimentell sein, sich dem Spekulativen überlassen. Natürlich ist das Feld des Anthropologen kein Laboratorium und kein Ort für Experimente in dem naturwissenschaftlichen Sinne, dass ein kunstvolles Szenarium auszuarbeiten wäre, um damit eine vorher aufgestellte Hypothese zu überprüfen. Aber wie in jedem Augenblick unseres täglichen Lebens können wir experimentieren, wir greifen ein und können unseren Interventionen folgen. Es gilt Fragen an andere und an die Welt zu stellen und auf ihre Antworten zu warten. Etwas, was in jedem Gespräch geschieht. Und wie bei allen Gesprächen ändert sich das Leben eines jeden Beteiligtern.

Aber das anthropologische Gespräch, solcherart als Kunst der Befragung entworfen, muss nicht im Gegensatz zur Naturwissenschaft stehen. Es weist eher auf eine andere Art der naturwissenschaftlichen *Praxis* hin – bescheidener, humaner und nachhaltiger als vieles von dem, was sich heutzutage als Naturwissenschaft präsentiert. Es ist ein Weg, mit der Welt in Verbindung zu treten, anstatt sich exklusive Befugnisse zu ihrer Erklärung anzumaßen. Weder strebt die Anthropologie danach, alle Dinge auf Daten zu reduzieren, noch diese Daten in Produkte oder was Forschungsmanager „Ergebnisse“ nennen umzuwandeln. Stimmt schon, wie andere Fachgelehrte veröffentlichen auch wir Bücher und Artikel, tragen die wichtige Literatur unserer Vorgänger zusammen und verlangen von Studenten, sie zu lesen. Aber letztendlich ist es nicht das, was zählt. Der wahre Beitrag der Anthropologie besteht nicht in ihrer Literatur, sondern in ihrer Fähigkeit, Leben umzugestalten. Deshalb hat die Idee einer „angewandten Anthropologie“ so geringe Zugkraft innerhalb des Fachs. Nicht weil wir unser Wissen rein und durch keinen Gebrauch befleckt für uns behalten wollen; vielmehr kann es kein Wissen geben, das nicht aus unserem praktischen Engagement mit anderen erwächst. Denn was Anthropologen in letzter Instanz antreibt, ist nicht das Verlangen nach Erkenntnis, sondern eine Ethik der Sorge. Wir sorgen uns nicht um andere, wenn wir sie als Forschungsobjekte behandeln, sie in Kategorien verwandeln, sie kontextualisieren oder sie wegerklären. Wir sorgen uns um sie, wenn wir sie anwesend machen, sie mit uns sprechen und wir von ihnen lernen können. Das ist der Weg, eine Welt zu bauen mit Platz für jeden. Wir können sie nur zusammen bauen.

ANMERKUNGEN

Kap.1

1 Marxens Äußerung stammt aus seinem Essay von 1852, *Der achtzehnte Brumaire des Louis Bonaparte*: „Menschen machen ihre eigene Geschichte", schrieb er, „aber sie machen sie nicht aus freien Stücken, nicht unter selbstgewählten, sondern unter unmittelbar vorgefundenen, gegebenen und überlieferten Umständen." (Karl Marx/Friedrich Engels, *Werke*. Bd. 8. Berlin/DDR: Karl Dietz 1972, S. 115).

2 Arif E. Jinha, „Article 50 million: an estimate of the scholarly articles in existence", *Learned Publishing* 23 (2010): 258-63.

3 A. Irving Hallowell, „Ojibwa ontology, behavior and world view", in *Culture in History: Essays in Honor of Paul Radin*, ed. Stanley Diamond, New York: Columbia University Press 1960, 19-52. Das Zitat steht auf S. 24.

4 Émile Durkheim, *Die elementaren Formen des religiösen Lebens*. Frankfurt am Main: Suhrkamp 2007.

Kap.2

1 Giorgio Agamben, *Das Offene: Der Mensch und das Tier* (Frankfurt/M. 2003: Suhrkamp, S. 37, 39, 42).

2 Richard Dawkins, *Das egoistische Gen* (Berlin, Heidelberg, New York: Springer 1978); Susan Blackmore, *The Meme Machine* (Oxford: OUP 1999).

3 Henrietta Moore, *A Passion for Difference: Essays in Anthropology and Gender* (Bloomington: Indiana University Press 1994).

4 Donald Brown, *Human Universals* (New York: McGraw-Hill 1991).

5 Steven Pinker, *Der Sprachinstinkt. Wie der Geist die Sprache bildet* (München: Kindler 1996).

6 Geertz' Aufsatz „The impact of culture on the concept of man" wurde erstmals 1966 veröffentlicht. Siehe Clifford Geertz, *The Interpretation of Cultures* (London: Fontana 1973), S. 33-54. Das Zitat steht auf S. 45.

7 John Tooby und Leda Cosmides, "The psychological foundations of culture", in *The Adapted Mind: Evolutionary Psychology and the Generation of Culture*, hrsg. v. Jerome H. Barkow, Leda Cosmides und John Tooby (New York: OUP 1992), S. 19-136. Das Zitat steht auf S. 33.

8 Edmund Leach, *A Runaway World?* (London: OUP 1967), S. 34.

9 Bruno Latour, *Wir sind nie modern gewesen* (Frankfurt/M.: Suhrkamp 2008).

Kap.3

1 Thomas Henry Huxley, *Man's Place in Nature and Other Essays* (London: Macmillan 1894), S. 152.

2 Robert Reid, *Inaugural Lecture: The Development of Anthropology in the University of Aberdeen* (Aberdeen: Aberdeen University Press 1934), S. 18.

3 Arthur Keith, *The Place of Prejudice in Modern Civilization* (London: Williams & Norgate 1931), S. 49.

4 Alfred Reginald Radcliffe-Brown, *Structure and Function in Primitive Society* (London: Cohen & West 1952), S. 2.

5 Marshall Sahlins, *Stone Age Economics* (London: Tavistock 1972), S. 81. Sahlins erwähnt seine Quelle nicht namentlich.

6 Alfred L. Kroeber, "The Superorganic" (1917), in seinem Sammelband *The Nature of Culture* (Chicago: University of Chicago Press 1952), S. 22-51.

Kap. 4

1 Edmund Leach, *Rethinking Anthropology* (London: Athlone Press 1961), S. 2-3.

2 Thomas Kuhn, *Die Struktur wissenschaftlicher Revolutionen* (Frankfurt/M.: Suhrkamp 1967; 2. Auflage 1976).

3 Ferdinand de Saussure, *Course in General Linguistics*, hrsg. v. Charles Bally und Albert Sechehaye, Übs. v. Wade Baskin (New York: Philosophical Library 1959).

4 Claude Lévi-Strauss, *Das Ende des Totemismus* (Frankfurt/M.: Suhrkamp 1965).

5 Fredrik Barth, *Models of Social Organization* (Royal Anthropological Institute Occasional Paper 23)(London: Royal Anthropological Institute 1966).

6 Tim Ingold, *The Appropriation of Nature: Essays on Human Ecology and Social Relations* (Manchester: Manchester University Press 1986).

7 Edward O. Wilson, *Sociobiology: The New Synthesis* (Cambridge, MA: Harvard University Press 1975).

8 Meyer Fortes, *Rules and the Emergence of Society* (Royal Anthropological Institute Occasional Paper 39) (London: Royal Anthropological Institute 1983).

Kap. 5

1 David Sloan Wilson, "The One Culture: Four new books indicate that the barrier between science and the humanities is at last breaking down", *Social Evolution Forum, The Evolution Institute*, 2016, verfügbar online unter *https://evolution-institute.org/focus-article/the-one-culture/?source=sef.*

2 European Association of Social Anthropologists, "Why anthropology matters", Prag, 15. Oktober 2015, verfügbar online unter *https://www.easaonline.org/downloads/publications/policy/EASA%20policy20%paper_EN.pdf.*

3 Horace Miner, Das Körperritual der Renakirema, in: Leon E. Stover & Harry Harrison (Hrsg.), *Anthropofiction*, Fischer Orbit 21 (Frankfurt/Main 1974: Fischer Taschenbuch)(Orig.: Body ritual among the Nacirema, *American Anthropologist* 18 (1956): 503-507).

4 Marcel Mauss, „Die Techniken des Körpers“ [1935], in: ders., *Soziologie und Anthropologie*, Bd. 2 (München: Hanser 1975), S. 197-220. Das Zitat steht auf S.203.

5 Eric Wolf, „Perilous ideas: race, culture, people“, *Current Anthropology* 35 (1994): 1-12.

6 American Association of Physical Anthropologists, "Statement on biological aspects of race", *American Journal of Physical Anthropology* 101 (1996): 569-570.

7 Paul Klee, Schöpferische Konfession [1920], in: ders., *Schriften, Rezensionen und Aufsätze*, Hrsg. Christian Geelhaar (Köln: DuMont 1976), S. 118–122. Das Zitat auf S. 118.

LITERATURHINWEISE

Einführungen in die Sozial- und Kulturanthropologie

Joy Hendry, *An Introduction to Social Anthropology: Sharing Our Worlds*. New York: Palgrave 2016.

John Monaghan & Peter Just, *Social and Cultural Anthropology: A Very Short Introduction*. Oxford: Oxford University Press 2000.

Thomas Hylland Eriksen, *Small Places, Large Issues: An Introduction to Social and Cultural Anthropology*. London: Pluto Press 1995.

Michael Carrithers, *Why Humans Have Cultures: Explaining Anthropology and Social Diversity*. Oxford: Oxford University Press 1992.

Allgemeine Literatur, auf die sich ein Blick lohnt

Tim Ingold (Hrsg.), *Key Debates in Anthropology*. London: Routledge 1996.

Adam Kuper, *Anthropology and Anthropologists: The Modern British School* (3. Ausgabe). London: Routledge 1996.

Clifford Geertz, *The Interpretation of Cultures*. London: Fontana 1973.

Nachschlagewerke

Nigel Rappaport & Joanna Overing, *Social and Cultural Anthropology: The Key Concepts*. London: Routledge 2000.

Alan Barnard & Jonathan Spencer, *Encyclopedia of Social and Cultural Anthropology*. London: Routledge 1996.

Tim Ingold (Hrsg.), *Companion Encyclopedia of Anthropology: Humanity, Culture and Social Life*. London: Routledge 1994.

INDEX

O

P

Q

R

S

Der Autor
Tim Ingold, geboren 1948, studierte Sozialanthropologie in Cambridge, lehrte in den 1970er Jahren in Helsinki, ab 1990 als Professor in Manchester. Seit 1999 hat er einen Lehrstuhl für Sozialanthropologie an der Universität Aberdeen/Schottland inne. Er ist Mitglied der Royal Society of Edinburgh und der British Academy. 2015 erhielt Tim Ingold die Ehrendoktorwürde der Leuphana Universität Lüneburg.

Der Übersetzer
Werner Petermann, geboren 1947, studierte Ethnologie, Philosophie und Ägyptologie in München.
Er arbeitet als Lektor, Herausgeber, Autor und Übersetzer und ist einer der Gründer des ethnologischen Verlages „Trickster", der seit 1995 als „Edition Trickster" im Peter Hammer Verlag weitergeführt wird.

This edition is published by arrangement with Polity Press Ltd., Cambridge
Titel der Originalausgabe: Anthropology – why it matters

Lektorat: Reinhard Kapfer
Umschlag: Magdalene Krumbeck
Satz: Graphium Press, Wuppertal
Druck: CPI, Leck
ISBN 978-3-7795-0625-6
www.peter-hammer-verlag.de